Hundezucht für Einsteiger

Hundezucht für Einsteiger

von Eva-Maria Krämer
und Ulrike Siegel

Fotos von Eva-Maria Krämer

CADMOS
HUNDEBÜCHER

Cadmos Verlag GmbH, Lüneburg

Titelfoto: Eva-Maria Krämer
Fotos im Innenteil: Eva-Maria Krämer
Gestaltung: Ravenstein Brain Pool
Druck: Grindeldruck, Hamburg

Printed in Germany

ISBN 3-86127-706-9

Vorwort

Hundezucht kann zu einer lebenslangen Passion werden, oder aber zu einer traumatischen Erfahrung, wenn man blauäugig herangeht. Mit diesem Buch wollen wir Ihnen helfen zu entscheiden, ob Sie züchten wollen oder lieber doch nicht. Wir wollen Ihnen einen Einblick verschaffen, was auf Sie zukommt, wenn Sie sich für die Hundezucht entscheiden. Und wir wollen natürlich dazu beitragen, angehenden Züchtern den Einstieg so reibungslos wie möglich zu gestalten. Damit ein Hobby auch ein Hobby bleibt und Sie die wunderbare Erfahrung, Welpen aufwachsen zu sehen, richtig genießen können. Ebenso wünschen wir Freude und Stolz bei der Aufgabe, ein altes Stück Kulturgut des Menschen weiterzupflegen und einen positiven Beitrag zum Ansehen des Rassehundes zu leisten.

Wie alles beginnt

Wer seinen ersten, kleinen, süßen Hündinnenwelpen in die Arme schließt, weist die Frage, ob man evtl. züchten möchte, in der Regel weit von sich. Nein, wir wollen nur einen netten Familienhund. Doch irgendwann einmal kommt der Moment, an dem der Gedanke an Hundebabys durch den Kopf huscht. Schließlich muss man sich zweimal im Jahr mit dem Geschlechtsleben der Hündin und allen Rüden in der Nachbarschaft auseinandersetzen. Auch wenn der Sinn zunächst nur danach steht, das Schreckliche zu verhindern, nämlich eine unerwünschte Liaison mit einem vierbeinigen Don Juan, beginnt man sich mit dem Thema Nachwuchs zu beschäftigen. Man spricht mit dem Tierarzt, mit anderen Hundebesitzern und bekommt von jedem etwas anderes gesagt. Soll man nun oder soll man nicht? Eine Frage, die

Wenn ein Welpe ins Haus kommt, wird meist noch kein Gedanke an eine eigene Zucht verschwendet, aber irgendwann kommt er. (Kromfohrländer)

man nicht so ohne weiteres mit ja oder nein beantworten kann.

Man sollte sich zunächst darüber im Klaren sein, dass eine Hündin von Natur aus darauf programmiert ist, Welpen zu gebären, um ihre Art zu erhalten. Einmal im Jahr Nachwuchs zu haben schadet einer gesunden Hündin nicht. Genauso wenig hat sie Probleme damit, keine Welpen zu bekommen. In der Natur ist es normal, wenn nur die ranghöchste Hündin oder Wölfin Welpen aufzieht und alle anderen weiblichen Mitglieder bei der Aufzucht helfen, ohne jemals selbst Welpen zu gebären. Besonders mütterliche Hündinnen werden scheinträchtig und säugen die Welpen mit. Eine sinnvolle Einrichtung der Natur. Keine krankhafte Hormonstörung. Es liegt also ganz in Ihrem Ermessen, ob Sie „züchten“ wollen oder nicht.

Die fünf häufigsten Gründe für eine Hundefamilie

Grund 1

Eine Hündin soll einmal Junge gehabt haben, das schützt sie vor Gebärmuttererkrankungen, Krebs usw.

Das ist wissenschaftlich erwiesener Unsinn, auch wenn es tatsächlich noch Tierärzte gibt, die so was sagen. Sollten Sie diesen Rat erhalten haben, wechseln Sie schleunigst den Tierarzt! Wer seine Hündin vor Gebärmuttererkrankungen schützen will, sollte sie kastrieren lassen.

Grund 2

Die Kinder sollen das Erlebnis der Geburt einmal mitgemacht haben

Zugegeben, es ist ein Erlebnis, das selbst langjährige Züchter stets aufs Neue fasziniert. Wenn Sie nur Ihre Kinder bilden wollen, besorgen Sie sich ein Video von der Hundegeburt und ersparen sich die Mühe und Verantwortung einer Live-Vorstellung.

Grund 3

Mit Welpen verdient man Geld

Das ist eine Milchmädchenrechnung. Vergessen Sie es - wir kommen noch auf den Punkt Finanzen. Von der Hundezucht reich zu werden, ist wie ein Lottogewinn. Nur Vermehrer im großen Stil machen Profit. Je ernsthafter Sie züchten, desto teurer wird die Angelegenheit, was sich nicht in einem erhöhten Welpenpreis niederschlägt, wie oft behauptet wird.

Grund 4

Unsere Lassie ist so ein toller Hund, wir wollen unbedingt eine Nachfolgerin für uns haben, und in der Familie sind auch schon Interessenten

Machen Sie es sich leicht. Wenn Sie mit dem Züchter zufrieden waren und er noch aktiv ist, kaufen Sie bequemer und billiger einen neuen Welpen und empfehlen ihn weiter.

Grund 5

Wir sind so fasziniert von dieser Rasse, sie entspricht genau unseren Vorstellungen, wir wollen gerne zu ihrer Erhaltung und

Hündinnen haben kein Problem damit keine eigenen Jungen zu haben. Hier säugt eine Saarloos-Wolfshündin ihre Enkel.

Verbesserung beitragen, damit sie noch viele Menschen so glücklich machen kann wie uns. Wir wollen unsere Nachzucht auf Hundeausstellungen und/oder im Hundesport mit der anderer Züchter messen und sicherstellen, wirklich gute Tiere zu züchten, die die Rasse weiterbringen. Wir wollen die Leistungsfähigkeit der Rasse bewahren.

Bravo - aus diesem Holz sind gute Züchter geschnitzt. Sie haben ein lebensfüllendes Hobby gewählt, Ihr Leben wird sich grundlegend verändern. Ein Schritt, der wohl überlegt sein will!

Die Entwicklung der Hundezucht

Wer einen Rassehund sucht, ist nicht etwa degeneriert, sondern hat dafür einen guten Grund. Nämlich, dass er - warum auch immer - ziemlich sicher sein will, wie sein Hund einmal aussehen und sich verhalten wird. Vielleicht, weil er einfach kein abenteuerlustiger Mensch ist, vielleicht weil seine Lebensumstände gewisse Grenzen setzen oder Erfordernisse mit sich bringen, vielleicht, weil er eine bestimmte Rasse schön und passend findet, vielleicht weil er ihn für bestimmte Aufgaben - Jagdhund, Hütehund, Polizeihund - braucht. Aber auch ein ganz normaler Familienhund muss sorgfältig ausgesucht werden.

Um die Rassehundezucht zu verstehen, werfen wir einen Blick in die Vergangenheit.

Der lange gemeinsame Weg

Seit über 100.000 Jahren, wie neueste wissenschaftliche Nachforschungen ergaben, lebt der Hund in irgendeiner Verbindung mit dem Menschen. Mit keinem anderen Tier ging der Mensch diesen langen gemeinsamen Weg. Kein anderes Tier hat die Entwicklung des Menschen so nachhaltig beeinflusst, wie der Hund. Von Anfang an.

Es galt lange als erwiesen, dass der Hund vom Wolf abstammt, bis jetzt in Südfrankreich wohl das „missing link", eine Art Urhund entdeckt wurde, dem wir die Vielzahl der Hundetypen verdanken. Doch es bleiben noch ebenso viele offene Fragen wie bei der Entwicklung des Menschen. Seit Mensch und Hund zusammen sind, hat der Mensch aus der unglaublichen Fülle der Erbanlagen, wie sie kein anderes Tier zu haben scheint, eine Palette an verschiedenen Hunderassen herausgezüchtet, die man nicht für möglich halten sollte.

Zunächst galt das Augenmerk des urzeitlichen Hundezüchters den ihm nützlichen Eigenschaften. Er brauchte Hunde, die das Lager bewachten und keine Neigung zum Streunen hatten, verschiedene Hunde für die Jagd, Hunde, die Lasten zogen usw. Gewisse Eigenschaften gingen mit bestimmten äußeren Merkmalen einher. Dazu kam noch die persönliche Vorliebe des Züchters für bestimmte Farben, Fellzeichnung usw. Warum sollte der frühe Mensch nicht genauso stolz auf seinen schönen Hund gewesen sein wie wir heute? Insbesondere, wenn das Wohl der Familie weitgehend von ihm abhing und er eine ganz besondere Rolle im Leben der Menschen spielte.

Der Old English Sheepdog (Bobtail) wurde schon lange wegen seiner Fähigkeiten als Hütehund gezüchtet, bevor er zu einem Rassehund wurde.

Der Hund hat den Menschen durch alle Zivilisationen begleitet. Wann immer Archäologen auf schriftliche und bildliche Darstellungen alter Kulturen treffen, stoßen sie auf Hunde. So berichten die Sumerer auf ihren berühmten Tontäfelchen über Hunde, und in Ägypten gab es eine „Hundestadt“, in der man zahlreiche Hundemumien fand. Die Ägypter bildeten auch eine Vielzahl von Rassehunden ab. Ich bin sicher, dass sie ebenso sorgfältig gezüchtet wurden wie von uns heute und keine zufälligen Darstellungen irgendwelcher Vierbeiner sind.

Kaum eine griechische Vase, kaum ein Sarkophag ohne Hundedarstellungen. Selbst christliche Bischöfe ließen sich ihre Lieblingshunde in Stein gemeißelt auf ihre Grabstätten setzen.

Hunde sind Kulturgut - erhaltenswertes Kulturgut. Und das gilt nicht nur für die alten Rassen, die große Ähnlichkeit mit den Darstellungen der Antike haben, sondern auch für Neuschöpfungen, denn heute ist die Historie von morgen. Kreatives Schaffen, Erbanlagen so zu verbinden, dass ein bestimmtes Ziel erreicht wird, reizt die Menschen heute wie damals. Merkwürdigerweise wird die Einstellung, es gäbe wahrhaftig genug Hunderassen, warum noch eine neue züchten, selbst von Menschen geäußert, die mit größter Selbstverständlichkeit per Flugzeug in den Urlaub fliegen. Eigentlich müssten sie noch in der Höhle sitzen und Steine klopfen.

Ich will damit nur sagen, dass die Leidenschaft der Hundezucht fast so alt ist wie die Menschheit. Und solange die Hunde nicht unter dem Ehrgeiz oder der Profitgier der Menschen zu leiden haben, ist sie wirklich eine der schönsten Nebensachen der Welt, die für viele Menschen zum erfüllenden Lebensinhalt wurde.

Moderne Rassehundezucht

Die Rassehundezucht, wie wir sie heute kennen, ist erst knapp 150 Jahre alt. Ihre Wiege stand in England, Hochburg der Vollblutpferdezucht. Die Weltmacht England stand in vollster Blüte, man konnte sich Hobbys leisten. Aus den Kolonien kamen die exotischsten Hunde als Gastgeschenke oder Mitbringsel. Englische Könige waren schon immer große Hundefreunde. Auch Queen Victoria war eine ausgesprochene Hundenärrin. Deshalb bekam sie ständig Hunde als besondere Ehrerweisung geschenkt, und prompt musste jeder, der etwas auf sich hielt, einen Hund besitzen, wie er gerade in der Gunst der Königin stand.

Das besondere Steckenpferd der Reichen ihres Landes war die Jagd. Dazu gehörte die Zucht edler Jagdhunde. Man leistete sich große Kennels, Zuchtstätten, und wetteiferte mit anderen Jagdherren um die besten Hunde. Nach Vorbild der Pferdezucht wurden die Hunde mit Pedigrees gezüchtet, Ahnentafeln, die ihre Abstammung belegten. Reinrassigkeit war ein relativer Begriff. Man kreuzte eine andere Rasse ein, wenn man sich davon Vorteile in der Leistung versprach. Zunächst zählte nur die Leistung, wobei ein bestimmtes Aussehen so eine Art Markenzeichen bestimmter Zuchtstätten war.

Wettfreudig, wie die Engländer nun mal sind, blieb es nicht aus, dass man auch um den schönsten Hund zu wetteifern begann. 1856 fand die erste Hundeausstellung in Newcastle statt, die Pointern und Settern vorbehalten war.

Doch schon bald folgten alle möglichen Rassen. Da nirgendwo festgelegt war, wie ein Hund einer bestimmten Rasse auszusehen hatte und jeder Richter oder Züchter nach eigenem Gutdünken urteilte, entstand bald ein heilloses Chaos, bei dem es nicht selten zu Handgreiflichkeiten kam. Um dem ein Ende zu setzen, gründete man The Kennel Club (Züchter-Club), der fortan die Regeln bestimmte und für jede Rasse einen schriftlichen Rassestandard verlangte, der als Maßstab für die Beurteilung der Rasse gelten musste.

Ab sofort war festgelegt, ob ein Hund Steh- oder Hängeohren, langes oder kurzes Fell zu haben hatte und welche Farben er haben durfte oder haben musste. Damit war auch das Ende der Kreuzungen abzusehen, denn nur durch Inzucht und strenge Auslese konnten die erwünschten Merkmale im Erbgut gefestigt werden, damit sie reinerbig an die Nachkommen weitergegeben und unerwünschte möglichst ausgemerzt wurden. Auf diese Weise erhielt man das einheitliche Aussehen, das die Hunde erst zu Rassehunden macht.

Da England in vielem Vorbild für das restliche Europa, insbesondere Deutschland war, folgten auch hier sehr schnell Hundeausstellungen. Anfangs war die Zucht edler Rassehunde Privileg der Wohlhabenden und des Adels. Es wurden Rassezuchtvereine gegründet, und wir verdanken dieser neuen Freizeitbeschäftigung die meisten Hunderassen, die wir heute kennen. Viele ehemalige Arbeitshunde wären ausgestorben, weil sich die Lebensweise der Menschen veränderte und sie nicht mehr benötigt wurden, wenn nicht rechtzeitig an der Rassehundezucht interessierte Hundefreunde gezielt die einheimischen Schläge kultiviert hätten. Leider sind trotzdem viele auf der Strecke geblieben. Dafür kommen ständig neue hinzu. Durch die Erschließung selbst entlegenster Winkel Europas werden bodenständige Rassen wiederentdeckt und können hoffentlich vor dem Aussterben bewahrt werden.

Die Schönheitszucht

Bei der Zucht der reinen Arbeitshunde, wie Jagdgebrauchshunde oder Hütehunde zählt nach wie vor in erster Linie die Eignung für eine gewünschte Aufgabe und die Leistung. Das Aussehen spielt eine untergeordnete Rolle.

Die Zucht ausschließlich auf äußere Merkmale, um Preise auf Ausstellungen zu gewinnen, ist relativ neu. Hundeausstellungen sind in Deutschland genau genommen Zuchtschauen. Jeder Hund wird im Vergleich zum Idealbild, dem Standard, von einem ausgebildeten Fachmann, dem Richter, beurteilt. Sein „Zuchtwert" - rein nach Aussehen - wird bewertet. Für den Züchter wichtiger Maßstab, ob er mit seinen züchterischen Bemühungen auf dem richtigen Weg ist und seine Hunde einen vorzüglichen Rassetyp verkörpern. Möglichst viele Nachkommen der Zuchttiere auf Ausstellungen zeigen dem Züchter, welche Tiere welche Merkmale vererben. Entsprechend kann er seine Weiterzucht planen. Zuchtschauen sind die Grundlage der Rassehundezucht.

Erfüllt eine Rasse noch einen bestimmten Zweck als Diensthund, Jagdhund, Rennhund usw., dann muss zusätzlich die Leistungsfähigkeit unter Beweis gestellt werden. Leider aber genügt es den Züchtern vieler Rassen, wenn die Hunde nur „schön" sind. Bei der Sucht nach Ausstel-

Der West Highland White Terrier soll nur entstanden sein, weil ein Jäger seinen roten Lieblingsterrier mit einem Fuchs verwechselte, und den Hund erschoss

Ein Hovawart beim Wesenstest: Wie reagiert er z.B. auf optische Eindrücke, wenn er durch eine enge Menschengasse geht.

lungssiegen und -titeln bleiben sogar gelegentlich Gesundheit, Charakter und Wohlbefinden der Hunde auf der Strecke. Da die Richter oft selbst Züchter sind, neigen sie dazu, erwünschte Merkmale in übertriebener Form als Ideal darzustellen - immer größer, immer kleiner, Nase immer kürzer usw. führten zu sog. Qualzuchten, denen heute per Gesetz entgegengewirkt werden muss. Es ist nicht zu begreifen, dass ganze Züchtergenerationen an Merkmalen festhalten, die das Leben ihrer Lieblinge erschweren. Es gibt Atembeschwerden, Augenprobleme, Geburtsschwierigkeiten und vieles mehr. Dabei stehen all diese Auswüchse in keinem Rassestandard. Sie sind allein aufgrund von Auslegungen und Modetrends entstanden. Und all die Menschen - Richter, Züchter und Käufer - bezeichnen sich als Tierfreunde, finden Abartiges vollkommen normal.

Ein Anliegen an Sie als künftigen Züchter: beteiligen Sie sich nicht an der Vermehrung unglücklicher Kreaturen! Wenn Sie schon Hunde solcher Rassen züchten müssen, achten Sie darauf, dass die Tiere gesund und lebensfroh sein können, auch wenn Sie damit keinen Preis gewinnen!

Bei allem Streben nach Erhalt des Rassetyps: Charakter und Gesundheit müssen vor der Schönheit stehen. Nur Hunde dürfen zur Zucht gelangen, die absolut gesund und lebensfroh sind. So schön kann ein Hund nicht sein, dass man dafür ängstliches oder aggressives Wesen oder gar Erbkrankheiten in Kauf nehmen kann. 90% aller Hunde sind Familienhunde, an die das tägliche Leben höchste Anforderungen stellt.

Ein Rassehund hat bestimmte Merkmale. Aber er ist kein Markenartikel, sondern ein Lebewesen. Er läuft nicht vom Fließband wie ein Auto oder Kühlschrank. Viele Leute verstehen nicht, warum das gleiche Produkt auf dem Tiermarkt 300,--DM und beim Züchter 1.500,-- DM kosten kann. Es ist nicht das gleiche Produkt, es sieht vielleicht auf den ersten Blick des Laien nur so aus!

Die Sache mit den Papieren

Rassehunde haben „Papiere“, d. h. eine Ahnentafel, einen Abstammungsnachweis, der ihre Reinrassigkeit dokumentiert. Diese Ahnentafel wird vom Zuchtverein, dem ein Züchter angeschlossen ist, ausgestellt (s. Kapitel „Abgabe der Welpen“). Die meisten Zuchtvereine sind wiederum einem Dachverband angeschlossen. Der größte, traditionelle, und international anerkannte Dachverband der Rassezuchtvereine in Deutschland ist der Verband für das Deutsche Hundewesen (VDH) mit Sitz in Dortmund. Er ist die Nachfolgeorganisation des 1878 gebildeten Vereins zur Veredelung der Hunderassen in Hannover, der mit der Delegierten Commission ein zentrales Stammbuch (DHstB) führte. Doch die sich damals neu gründenden Rassezuchtvereine führten eigene Zuchtbücher. Das Hundewesen in Deutschland hatte keine einheitliche Führung, und entsprechend chaotisch war das Austellungswesen. Schließlich schlossen sich die Clubs zu einem Kartell zusammen, das 1930 Mitglied der FCI (der Fédération Cynologique International) wurde, dem weltweit größten internationalen Dachverband der Hundezucht. Ab 1933 wurde das gesamte Deutsche Hundewesen fest nach den Vorstellungen des Dritten Reiches organisiert und schließlich dem Heer unterstellt.

Einige wenige Züchter retteten ihre Tiere über den Krieg hinweg. Schon im Herbst 1945 organisierten sich wieder Rassezuchtvereine und Prüfungsverbände. 1946 erlaubten die hundefreundlichen Engländer in ihrer Besatzungszone die ersten Landesverbände für das Hundewesen. Am 14.9.1947 fand in Stuttgart eine Ausstellung mit 2.500 Hunden statt! Am 11. 6. 1949 wurde in Dortmund der Verband für das Deutsche Hundewesen e.V. (VDH gegründet, der am 22.12.1950 in die FCI aufgenommen wurde. Damit durften in Deutschland wieder Anwartschaften auf internationale Titel vergeben werden. Heute gehören dem VDH über 150 Rassezuchtvereine an. Etwa 100.000 Welpen werden pro Jahr eingetragen. Der VDH fördert alle Belange der Rassehundezucht und des Hundesports. Alljährlich veranstaltet er in Dortmund zwei große Ausstellungen, die zu den bedeutendsten der Welt gehören - die Europasieger-Zuchtschau im Mai und die Bundessiegerzuchtschau im Oktober. Dort werden Tausende von Rassehunden aus aller Herren Länder den gestrengen Richtern vorgeführt. Die Titel Europa- und Bundessieger sind international sehr begehrt.

Nur: Anders als in der übrigen Welt, liegt die Zuchthoheit nicht beim nationalen Dachverband, also beim VDH, sondern in den einzelnen Rassehundezuchtvereinen, die sich jeweils auf eine oder mehrere verwandte Rassen spezialisieren. Die Mitgliedsvereine müssen sich jedoch an die Rahmenbedingungen des VDH halten. Damit soll eine Ausnutzung der Zuchttiere verhindert und die Zucht gesunder, wesensfester und rassetypischer Hunde gewährleistet werden.

Kann ein Hund aufgrund schwerwiegender gesundheitlicher, charakterlicher oder äußerlicher Mängel nicht zur Zucht zugelassen werden und der Besitzer will

Verein: Verband für das Deutsche Hundewesen (VDH) e.V.

Rasse: Kooikerhondje

Welpe: **DANDY**

Zuchtbuch-Nr.: VDH 99/110 0030 Wurfdatum: 21.06.1999 Geschlecht: Rüde

Tätonummer: 0030 Farbe: weiß, rote Platten

Bemerkungen:

Zwingername: **VON CHICOSTEIN (FCI)**

Züchter:

Übrige Welpen dieses Wurfes

	Name	Zuchtbuch-Nr	Täto-Nr / Farbe / Besonderheiten
R	DIGGER	VDH 99/110 0028	0028, w, rPl
R	DEXTER	VDH 99/110 0029	0029, w, rPl
H	DAISY	VDH 99/110 0031	0031, w, rPl
H	DINA	VDH 99/110 0032	0032, w, rPl

Wurfdaten	Rüde	Hündin
geworfen:	3	2
davon tot:	0	0
eingeschläfert:	0	0
gestorben:	0	0
verblieben:	3	2
eingetragen:	3	2

Bemerkungen zum Wurf:

Eltern	Großeltern	Urgroßeltern	
FANTWIRE DKK 17895/92 Nord.Ch., Fin.Ch., Dt.Ch.(VDH), Int.Ch., NL.Ch., KBHV 96	**TOMMY'S TELG HAITE** NHSB G-2-1.678.960	**FOLKERT**	NHSB G.1-1.185.339
		RYAN V. DRIENERLOO	NHSB G.1-1.466.966
	QUELLINA V. D. KOOIKAMP NHSB G.1-1.620.586	**HEERTHE BARON V. H. LIESVELD** NL.Ch.	NHSB G.2-1.393.654
		DOUWKJE DE PRINCESPIOEN	NHSB G.0-1.384.806
LADY VDH 96/110Ü0002 NHSB BIJL.G.2-1.952.835 HD-A, w, rPl	**THIJS-BASTIAAN UIT 'T WILGENBOSCH** NHSB 1.740.374	**ASTOR V.D. UKKESTEYN**	NHSB BIJL.G.2-1.542.170
		JASMIJN-MARGRIET UIT 'T WILGENBOSCH	NHSB BIJL.G.2-1.518.545
	SARA NHSB BIJL.G.1-1.818.731	**INGMAR** W. 92	NHSB 1.652.558
		MIRJAM-FANKE V.D. WIJCKPLEATS	NHSB BIJL.G.0-1.673.393

Muster-Ahnentafel der VDH

unvernünftigerweise trotzdem züchten, so findet sich immer ein Verein, der Papiere gegen eine Gebühr ausstellt. Ich will nicht sagen, dass alle nicht dem VDH angeschlossenen Zuchtvereine skrupellose Vermehrer unterstützen, es gibt in der sogenannten Dissidenz auch Vereine, die ihre Zuchtbestimmungen bewusst noch enger fassen als der VDH, aber die Spreu vom Weizen zu trennen ist sehr schwer.

Ebenso wenig will ich behaupten, dass alle VDH-Züchter Menschen makellosen Charakters sind. Schwarze Schafe wird es immer geben. Werden sie erwischt, drohen empfindliche Geldstrafen oder Ausschluss. Eines ist gewiss: Nur in den Zuchtbüchern der VDH-Vereine kann ich die Abstammung in Deutschland gezüchteter Hunde lückenlos bis in die Anfänge der Rassehundezucht im 19. Jahrhundert zurückverfolgen.

Da der VDH die größte Organisation in der Rassehundezucht ist, steht er stets im Scheinwerferlicht der Medien, wenn es um Rassehunde geht - im Guten und im Schlechten.

Im Ausland stellen die nationalen Zuchtverbände Ahnentafeln für alle Rassen aus. Es gibt so gut wie keine Zuchtbestimmungen. Hier kann jeder mit jedem beliebigen Hund züchten. Das Vereinswesen hat dort eine völlig andere Bedeutung. Sofern der nationale Dachverband Mitglied der FCI ist oder mit der FCI kooperiert, was in all unseren Nachbarländern der Fall ist, sind die Ahnentafeln auch in Deutschland anzuerkennen. Wie lange Deutschland diese Sonderstellung noch in der EG einnehmen kann, wird die Zukunft weisen.

Hunde als Geldquelle

Über die beiden Kriege hinweg konnten nur wenige Hunde gerettet werden. Alles was tauglich schien, wurde für den Kriegsdienst eingezogen und kehrte nie zurück. Unzählige Hunde konnten einfach nicht mehr ernährt werden. Rassehunde waren rar. Ende der 50er Jahre erlaubte das Wirtschaftswunder wieder so manchen Luxus, teure und seltene Rassehunde demonstrierten Wohlstand. Die wenigen Züchter, die die Rassehundezucht wieder aufbauten, konnten die Welpen gar nicht herbeischaffen. Hundehändler und Berufszüchter schlossen schnell die Marktlücken und produzierten die begehrten Rassen in Massen, ohne Rücksicht auf Gesundheit und Wohlbefinden der Tiere. Da nichts einfacher ist auf der Welt als Hunde zu vermehren, merkten clevere Landwirte in ertragsarmen Regionen rasch, dass sich mit Welpen mehr als mit Ferkelproduktion verdienen ließ. Hündinnen kamen in die Schweineboxen, verdammt ein kurzes Leben lang Welpen zu produzieren. Billigstes Fressen, die Welpen möglichst rasch nach dem Entwöhnen in Kartons verpackt in die Schaufenster der Zoogeschäfte schicken war nicht ungewöhnlich. In jedem größeren Kaufhaus konnte man Welpen vieler Rassen hinter Glas bewundern, die ohne Rückfragen oder Beratung über die Ladentheke verkauft wurden. Selbst per Versandhauskatalog wurden Welpen per Bahnfracht direkt vom Produzenten an den Kunden geliefert.

Die Käufer hatten meist nur eine vage Vorstellung davon, wie ein Hund aussehen sollte. Man wusste aber, dass zu einem Rassehund Papiere gehören, auch wenn kaum jemandem klar war, was das eigentlich bedeutete.

Da sich der Verband für das Deutsche Hundewesen (VDH) seit Bestehen der deutschen Rassehundezucht gegen gewerbliche Züchter sperrte und im Handel keine Welpen mit VDH-Papieren verkauft werden durften, gründeten findige Massenzüchter Vereine, die bildschöne Stammbaumformulare drucken ließen, sie nach Bedarf ausfüllten und gegen eine Gebühr an den Welpenerzeuger oder Händler lieferten. Der Käufer hatte seine Papiere und damit den festen Glauben, einen Rassehund gekauft zu haben, und war's zufrieden.

Dass der Hund oft nur entfernte Ähnlichkeit mit dem erwünschten Rassetyp hatte, fiel kaum auf. Schlimmer waren jedoch die gesundheitlichen Probleme der Welpen, die viel zu früh und mangelhaft aufgezogen auf die Reise geschickt wurden. Oftmals ungenügend geimpft, wurden sie durch den Versandstress krank. Die neuen Besitzer gaben ein Vermögen beim Tierarzt aus, der in vielen Fällen die Welpen doch nicht retten konnte. Ganz zu Unrecht kam die Rassehundezucht in Verruf, denn die Medien unterscheiden nicht zwischen ernsthaftem Züchter und skrupellosem Vermehrer.

Bis heute sind wir nicht aus diesem Dilemma heraus. Noch immer gibt es Massenzuchten, die Hunde vermehren. Und durch die Öffnung der Ostgrenzen haben wir heute ein weiteres Problem: Händler sammeln in Tschechien, Polen usw. Welpen für wenig Geld ein und verkaufen sie in Österreich und Deutschland. Selbst die seltensten Rassen können so auf Märkten billiger als vom Züchter angeboten werden. Und noch dazu mit FCI-anerkannten Ahnentafeln! Zuchtbestimmungen, Röntgenpflicht usw. gibt es dort nicht. Die Gewinnspanne ist riesig. Die meist über die Grenzen geschmuggelten Welpen sind erst 4 bis 6 Wochen alt, völlig ungeimpft und überstehen den Transportstress selten unbeschadet. Kranke und verhaltensgestörte Rassehunde schüren weiter das Negativbild der Hundezucht. Wie es entstanden ist, danach fragt leider keiner! Massenzüchter und Händler betreiben nichts weiter als eine Ausbeutung der Kreatur, aber auch der Menschen in unseren Nachbarstaaten, denen oftmals gar nichts anderes übrig bleibt, als über die verkauften Welpen ihren Lebensunterhalt aufzubessern. Noch dazu gehen sie davon aus, dass die Kleinen bei uns im Schlaraffenland leben und es ihnen an nichts fehlen wird!

Was ist ein Züchter?

Züchter kann sich jeder nennen, dessen Hündin Welpen bekommt. Es ist kein geschützter Begriff oder gar eine Berufsbezeichnung. So wird das Wort gebraucht oder auch missbraucht für alle unterschiedlichen Motivationen, die Menschen dazu treiben, ihrer Hündin Welpen zu entlocken. In der breiten Öffentlichkeit haben Hundezüchter heutzutage kein gutes Image. Die Medien stürzen sich mit Wonne auf diese „Ausbeuter der armen Kreatur". Es lebe der Mischlingshund! Welch ein Unsinn!

Tatsache ist, dass heute mehr Menschen denn je Hunde halten. Sie sind Sozialpartner, Statussymbol, Freizeitgefährte, Sportgerät. Der Markt für das Produkt Hund ist da. Diesen Bedarf an Welpen können nur Züchter decken. Sprechen wir hier von Züchtern, befassen wir uns automatisch

Ein inniges Verhältnis zu seinen Hunden zeichnet den guten Züchter aus. (Collies)

mit Rassehunden. Aber Züchter ist nicht gleich Züchter!

Gesunde, charakterlich einwandfreie und typische Rassehunde zu züchten ist aufwendig und kostspielig. Eine echte Liebhaberei. Wer es richtig machen will, wird nie so viel Geld einnehmen, dass ein wirtschaftlich errechneter Gewinn zu erwarten ist. Wer gewinnorientiert Welpen produziert, kann das NUR zu Lasten der Hunde tun: So erzeugte Welpen populärer Rassen, die einen guten Absatz garantieren, können nicht ordentlich auf den Menschen geprägt sein. Wer in einer großen, kommerziellen Zuchtstätte alle Welpen von Geburt an so betreuen will, dass sie problemlose Familienhunde abgeben, müsste so viel Personal haben, dass die Welpen unbezahlbar wären. So lernen solche Welpen außer ihrem gekachelten, leicht zu reinigenden Zwinger nichts anderes kennen. Wenn sie überhaupt das Glück haben, wenigstens sauber aufzuwachsen. Wer möglichst viel Gewinn herausschlagen will, lässt die Hündin außerdem so oft belegen, bis sie ausgelaugt ist. Die Welpen bekommen so keinerlei hundgerechte Aufzucht unter Artgenossen mit. Wer scharf kalkuliert, spart auch beim Futter und selbst bei den Impfungen (halbe Menge Impfstoff tut es auch, heißt es dann!). Da solche Welpen kaum billiger verkauft werden als liebevoll in der Familie aufgezogene, bestens sozialisierte Tiere, ist die Gewinnspanne beträchtlich. Ein solch kommerzieller Züchter wird sich für die vom Käufer verlangten Ahnentafeln seiner Produkte, einen Zuchtverein suchen, der zwar mit fantastischen Satzungen und Zuchtbestimmungen aufwarten kann, diese aber nie überprüft und auf Anforderung gegen Gebühr jede erwünschte Ahnentafel liefert (falls er sie nicht selber am eigenen Computer entwirft).

Hundezüchter aus Passion

Das genaue Gegenteil eines gewerblichen Züchters ist der Züchter aus Passion. Er verkauft ebenfalls Welpen, aber für ihn ist „seine“ Rasse eine Lebensaufgabe. In der Regel widmet er sich einer, selten mehreren, und dann meist verwandten Hunderassen. Sein Zuchtziel ist der vollkommene, der ideale Hund im Aussehen wie im Charakter, und damit die Verbesserung der Rasse. Dazu muss er seine Zucht auf Generationen hinaus planen, sorgfältig die Paarungen zusammenstellen, wobei Entfernung und Kosten keine Rolle spielen. In der Regel wird er die dem Zuchtziel am nächsten kommenden Tiere für die Weiterzucht behalten wollen und müssen. Dabei können diejenigen, die er verkauft, qualitativ ebenso hochwertig sein, sich jedoch nicht in den Merkmalen auszeichnen, die dem Züchter gerade wichtig sind. Eine solche Zuchtplanung setzt nicht nur lange Erfahrung und gute Kenntnisse des Zuchtpotentials voraus, sondern auch, dass man eine gewisse Anzahl an Hunden halten kann. Es gibt daher nur wenige Züchter, die vergleichbar den großen Gestüten, eine Rasse insgesamt wesentlich prägen. In der Regel liefern ihre Tiere den Grundstock für andere Züchter, und ihre Deckrüden stehen anderen Züchtern zur Verfügung. Deshalb findet man in Ahnentafeln und Ausstellungskatalogen häufig immer wieder die gleichen Zwingernamen. Auf ihrer Erfahrung bauen viele andere Züchter auf, und da ihnen das Wohl der Rasse am Herzen liegt, sind sie in der Regel nur zu gerne bereit, Neulingen zu helfen.

Auch wenn solche Züchter viele Hunde halten, bedeutet das nicht, dass sie viele Welpen produzieren, denn der größte Teil der Hunde sind meist Veteranen und Jungtiere und nicht aktive Zuchttiere. Die Haltung und Pflege ganzer Hundegenerationen ist sehr aufwendig und teuer und frisst den Erlös der Welpen meist vollkommen auf. Abgesehen davon, erfordert eine solche Zucht die volle Aufmerksamkeit der ganzen Familie und Urlaubsvergnügen z.B. ist dann ein Fremdwort. Mit einer solchen Hundezucht, selbst wenn sie noch so viele Sieger hervorbringt, reich zu werden ist unwahrscheinlich.

Was das Foto nicht zeigt: Für diese im Winter geborenen Welpen wurde die halbe Küche der Familie abgetrennt. Den kleinen Dackeln scheint zu gefallen, was sie sehen.

Eine derartige Zuchtstätte entsteht nie geplant, sondern entwickelt sich. Die Faszination, lebende Wesen mit schaffen zu dürfen, zu beobachten, ob sich die Erwartungen in dem noch nassen neugeborenen Welpchen einmal erfüllen werden, erinnert mich ein wenig an Spielleidenschaft. Belohnung und Enttäuschung, Freud und Leid, liegen eng beeinander.

Hobbyzüchter

Die meisten Hundezüchter bleiben jedoch auf der Stufe des Hobbyzüchters stehen und tragen über einen gewissen Zeitraum hinweg dazu bei, Menschen mit ihren Welpen glücklich zu machen und hin und wieder einen erfolgreichen Hund hervorzubringen. Auch hier werden die Welpen in der Regel liebevoll und sorgfältig aufgezogen, man hat einfach Spaß an der Welpenaufzucht und dem Besuch von Ausstellungen oder hundesportlicher Betätigung mit selbstgezüchteten Hunden. Nicht jeder kann und will sich zur Zuchtstätte hin entwickeln, doch der Hobbyzüchter hat ebenfalls seine Berechtigung und Bedeutung. Er trägt dazu bei, den Bedarf nach guten und gesunden Rassehunden zu decken und bildet mit ihnen die wichtige, breite Basis der Hundezucht. Hobbyzüchter haben in der Regel wenige Hunde, meist nur eine oder zwei Zuchthündinnen und selten Rüden. Sie nutzen die gegen ein Entgelt zur Verfügung stehenden Vererber, ähnlich wie Pferdezüchter die Hengste der Deckstationen.

Hundezucht ist ein schönes Hobby, und wenn Sie es nicht ernst meinten, würden Sie dieses Buch nicht lesen. Wer weiß, vielleicht enden auch Sie mit einer Zuchtstätte, die einen historischen Beitrag in der Rasseentwicklung leistet. Der Weg dorthin ist lang und entbehrungsreich. Aber Einsteigen mussten sie alle einmal!

Wenn wir hier von Züchter sprechen, dann meinen wir den, der sich aus Liebe zu seiner Rasse dieser anspruchsvollen Arbeit widmet und bei dem kommerzielle Überlegungen nicht im Vordergrund stehen. Da sich jeder Züchter nennen kann, befinden sich unter ihnen auch schwarze Schafe, die ihren Hunden nicht die notwendige Pflege zukommen lassen, kranke und verhaltensgestörte Tiere verkaufen usw. Sie tarnen sich für den Laien meist sehr geschickt als verantwortungsbewusste Züchter und schaden dem Ansehen all derer, die sich ernsthaft um die Rassehundezucht bemühen.
Ein gut geführter Rassehundezuchtverein wird die schwarzen Schafe ausschließen, ihnen die Weiterzucht generell verbieten können sie nicht.

Voraussetzungen für die Hundezucht

Sie besitzen eine Hündin, sind von der Rasse begeistert und finden den Gedanken toll, selbst Welpen aufzuziehen und weitere Hundefreunde mit Ihrer Lieblingsrasse zu beglücken.

Was jetzt? Sie können einfach Nachbars Rüden zulassen... und damit zu den Vermehrern zählen. Aber da Sie dieses Buch lesen, setzen wir voraus, dass Sie ernsthaft die Tradition der Rassehundezucht fortsetzen und Hunde von guter Qualität mit Ahnentafeln züchten wollen. Das ist nicht ganz so einfach, will wohl überlegt und vor allem gut vorbereitet sein. Bevor Sie anfangen nach einem passenden Deckrüden für Ihre Hündin Ausschau zu halten, sollten Sie sich sehr ehrlich und kritisch die folgenden Fragen beantworten:

Hier ist bereits die Endausscheidung der Collies bei einer Hundeausstellung erreicht. Jetzt geht es darum „Wer ist der schönste Hütehund?"

Eignet sich Ihre Hündin zur Zucht?

Wenn Ihnen Ihr Züchter nicht weiterhelfen kann, wenden Sie sich an die Zuchtbuchstelle des Vereins. Normalerweise steht die Anschrift auf der Ahnentafel. Dort wird man Ihnen vermutlich empfehlen, eine Hundeausstellung zu besuchen (alles dazu im Kapitel „Hundeausstellung“), um zu sehen, ob Ihre Hündin dem Rassetyp überhaupt so weit entspricht, dass sie einen Beitrag zur Verbesserung der Rasse leisten kann und nicht nur der Vermehrung dient.

Mit dem Besuch der ersten Zuchtschau werden die Weichen meist schon gestellt. Entweder finden Sie das Ganze fürchterlich, dann wird Sie auch eine Züchterlaufbahn nicht reizen. Oder Sie fühlen sich unter anderen Liebhabern Ihrer Rasse wohl, es macht Spaß mitzumachen, und Sie können es kaum erwarten, mit einem selbstgezüchteten Hund dabeizusein.

Sie sollten Mitglied im Rassezuchtverein werden. Dort bekommen Sie die Zuchtbestimmungen, die genau aufzeigen, welche Voraussetzungen Ihre Hündin erfüllen muss. Das ist je nach Rasse und Verein sehr unterschiedlich. Bei der VDH-Geschäftsstelle bekommen Sie die Adressen der Rassezuchtvereine. Vergleichen Sie die Zuchtbestimmungen, besuchen Sie Ausstellungen. Entscheiden Sie in Ruhe, welchem Verein Sie sich anvertrauen wollen. Die Zuchtbestimmungen legen z.B. das zuchtfähige Alter der Hündin fest und welche Gesundheitsnachweise erforderlich sind, um erbliche Augenerkrankungen oder krankhafte Skelettveränderungen, wie die bei sehr vielen Rassen gefürchtete Hüftgelenksdysplasie, u.a.m. auszuschließen. Meist sind Ausstellungsergebnisse oder eine separate Zuchttauglichkeitsprüfung angesagt. Manche Vereine führen Wesenstests durch und verlangen von den angehenden Züchtern, vor dem ersten Wurf die Teilnahme an entsprechenden Schulungen. Das ist eine sehr gute Sache, die eigentlich für alle Vereine Pflicht sein sollte. So genannte Gebrauchshunderassen und die Jagdhunde brauchen möglicherweise eine Leistungsprüfung.

Niemand muss mit einer Hündin züchten! Denken Sie bitte an die Verantwortung, die Sie als Züchter für die Welpen und die Käufer tragen. Schlimm genug, wenn Defekte auftreten - Züchter sind keine göttlichen Schöpferwesen und können nicht für ewige Gesundheit garantieren. Aber sie müssen nicht mit Hunden züchten, die selbst oder deren enge Verwandte bekanntermaßen Anzeichen für krankhafte Veränderungen haben.

Ebenso wichtig wie die Gesundheit ist das Wesen des Zuchthundes, das weder ängstlich noch aggressiv sein darf - bei keiner Rasse! Wesensfehler vererben sich ebenfalls. Jeder Mensch kann mit Schönheitsfehlern leben, aber ein kranker oder im Charakter schwieriger Hund verursacht viele Jahre unnötiges Herzeleid. Er schädigt zudem das Ansehen seiner Rasse.

Es reicht nicht aus, seinen Hund für den schönsten und besten zu halten. Man sollte sich mit den Geschwistern und den Vorfahren beschäftigen. Besteht die Möglichkeit, sollte man sich die Elterntiere, möglichst auch die Großeltern, genau ansehen und mit dem Standard vergleichen.

Wenn Ihre geliebte Hündin die Anforderungen nicht zur vollsten Zufriedenheit erfüllt, lieben Sie sie weiter, aber züchten nicht mit ihr! Suchen Sie lieber mit großer Sorgfalt und den inzwischen erworbenen Kenntnissen über die Rasse nach einem geeigneten Zuchthund.

Schauen Sie sich auf Ausstellungen oder Leistungsprüfungen genau um. Sie werden schnell feststellen, dass Ihnen ein bestimmter Hundetyp Ihrer Lieblingsrasse am besten zusagt. Wahrscheinlich tauchen immer wieder die gleichen Namen bei diesen Hunden auf. In den Zuchtstätten bemühen sich die Züchter über Generationen hinweg den Typ, den sie am meisten lieben, so rein wie möglich zu züchten. So kann man oft auf Anhieb erkennen, aus welcher Zuchtstätte ein Hund kommt.

Sind Sie auf einen Typ gestoßen, der Ihnen gut gefällt, dann schauen Sie, was diese Hunde gemeinsam haben. Es kann ein bestimmter Vererber sein, oder die Vorfahren gehen auf eine bestimmte Zuchtstätte zurück. Nehmen Sie, wenn irgend möglich, Kontakt mit dieser Zuchtstätte auf. Lernen Sie Menschen und Hunde kennen. Gefallen sie Ihnen immer noch, wird man Ihnen bestimmt gerne bei nächster Gelegenheit einen guten Welpen aussuchen, oder gar ein älteres Tier anbieten. In den Zuchtstätten werden öfter mehrere vielversprechende Welpen aufgezogen, bis sich der Züchter entscheidet, welcher Hund für sein weiteres Zuchtprogramm der geeignetere ist.

Es dauert Jahre und wenigstens fünf Würfe, bis man Erfahrung und Kenntnisse gesammelt hat, um ein eigenes Zuchtziel zu erarbeiten. Bis dahin muss man sich einen guten Ruf als Züchter gesunder, wesensfester Hunde schaffen und einen Kundenstamm zufriedener Hundebesitzer aufbauen.

Ein Haus mit großem Garten und sehr hundefreundlichen Nachbarn brauchen alle Züchter - auch die von kleineren Rassen als Bernhardiner.

Haben Sie genug Platz?

Es hängt natürlich von der Rasse ab, wie viel Platz benötigt wird. Kleinhunde lassen sich sicher in einem Reihenhäuschen mit Garten züchten. Je größer aber die Rasse, desto mehr Platz und Bewegungsfreiheit benötigen die Hunde.

Die erste Frage lautet hier: Wie viele Hunde kann ich überhaupt halten? Reicht der Platz gerade mal so für ein bis zwei Hunde? Fängt man erst mal an zu züchten, sind schnell drei, vier oder fünf Hunde im Haus. Da ist der erste, evtl. zur Zucht nicht geeignete Hund, den man liebt und nicht wieder abgibt, die Zuchthündin, ein vielversprechender Welpe wird behalten - das sind schon drei. Eine Hündin darf nur bis zum 8. Lebensjahr zur Zucht eingesetzt werden. Natürlich bleibt sie bis zum letzten Atemzug, also vielleicht weitere 8 Jahre, im Haus. Und schon sind es vier! Es kommt öfter als einem lieb ist vor, dass ein Hund zurückgebracht wird, aus welchen Gründen auch immer. Dieser Hund muss wieder ins Rudel integriert werden, sei es nur vorübergehend bis eine neue Familie gefunden wurde, oder er bleibt für immer. Es gehört zur Verantwortung als Züchter, dass man in der Lage ist, in Notfällen Hunde zurückzunehmen.

Es hängt von der räumlichen Situation eines Züchters ab, ob alle Hunde zufrieden und ausgeglichen sind. Wird es zu eng, führt das zu großem Stress, was sich negativ auf die Zucht auswirkt, z.B. Leerbleiben der Hündin, deckunwillige Rüden, oder das Verhalten der einzelnen Hunde.

Die zweite wichtige Frage lautet: Ist genügend Platz für die Aufzucht der Welpen vorhanden? Natürlich will man alles richtig machen und denkt zuerst einmal daran, die Welpen im Haus aufzuziehen, strebt also die sog. Hausaufzucht an. Der Ansatz ist nicht schlecht, aber Hündin und Welpen benötigen Platz, wo sie sich frei entfalten können und abseits vom Familientrubel Ruhe finden. Deshalb ist eine Ecke im Wohnzimmer oder im Keller genauso ungeeignet wie ein Zwinger abseits vom Haus, in dem Mutter und Welpen alleine sind.

Gut ist ein separater Raum in der Nähe des allgemeinen Geschehens, so dass die Hündin Familienkontakt behält und die Welpen beobachtet werden können. Dort bleiben die Welpen bis zum selbständigen Fressen in der Wurfkiste. Man kann so die ersten Nächte bei Mutter und Kindern verbringen, man hört, wenn etwas passiert und ist schnell zur Stelle. Wichtig ist es von Geburt an jeden Welpen täglich einzeln in die Hand zu nehmen, mit ihm zu schmusen und zu reden, um ihn auf den Menschen zu prägen. Füttern und Saubermachen reichen dafür nicht aus.

Ist von diesem Raum ein direkter Ausgang zum Garten vorhanden, kommt er der Idealvorstellung schon sehr nahe. Die meisten unterkellerten neuen Häuser haben so einen Raum: eine helle, luftige Waschküche mit einem direkten Ausgang nach draußen. Luftig, aber nicht zugig, beheizbar, falls Welpen im Herbst bis zeitigen Frühjahr aufgezogen werden, im Übrigen leicht zu reinigen und von der Wohnung aus trockenen Fußes jederzeit erreichbar, bietet sie sich geradezu an. Diese Waschküche kann durchaus wohnlich eingerichtet werden, so dass man die ersten Nächte bei Mutter und Kindern verbringen kann. Später tut ein Babyphon gute Dienste. Selbst der Waschbetrieb mit den modernen leisen Geräten kann weitergehen. Wo kleine Kinder und Welpen sind, stehen Waschmaschine und Trockner selten still!

Ab der dritten Woche werden die Welpen zugefüttert. Die Mutter leckt die Häufchen nicht mehr auf, die Welpen fangen an zu spielen und zu lärmen. Sie treten in die so genannte Prägungsphase ein. Jetzt ist es wichtig für ihre weitere Entwicklung, dass sie ihren Erkundungsradius nach eigenem Ermessen ausdehnen und neue Eindrücke gewinnen können. Das Gehirn entwickelt sich, und je mehr verschiedene Eindrücke der Welpe verarbeitet, desto besser wird er später mit seiner Umwelt fertig werden. Dazu gehören verschiedene Bodenverhältnisse wie Holz, Beton, Erde, Gras, Kies usw., Gerüche und Geräusche. Sonne und frische Luft sind ganz wichtig für die Entwicklung der Welpen. Sie können auch mal im Schnee raus, solange sie sich bewegen. Hier bietet sich ein gut angelegter Zwinger an, der den Welpen das selbständige Erfahren der Umwelt ermöglicht, gleichzeitig Sicherheit bietet, denn man kann nicht ständig auf die Kleinen aufpassen. Andererseits brauchen die Welpen sehr viel Schlaf, der eigentlich nur durch Spielphasen und Fressen unterbrochen wird. Das heißt Welpen brauchen Ruhe - nicht Isolation. In ihrer Wurfkiste mitten im Wohnzimmer finden Sie sie nicht. Es ist ein Trugschluss, nervenfeste Hunde aufzuziehen, wenn sie von Anfang an alles mitkriegen. Ganz im Gegenteil. Fehlt die Ruhe, sind die Eindrücke zu vielfältig, verkraften die Hunde den Stress nicht. Welpen aufzuziehen bedeutet, sich viele Stunden am Tag intensiv mit ihnen zu beschäftigen, aber ihnen auch absolute Ruhe zu gönnen. Es ist nicht damit getan, sie mitten im Haushaltstrubel groß werden zu lassen in der Hoffnung, dass sie sich dann ganz von alleine prägen. Deshalb ist die sog. reine Hausaufzucht in unseren Augen nicht artgerecht und daher nicht empfehlenswert. Werden die Welpen ausschließlich in der Wohnung aufgezogen, werden sich die neuen Besitzer sehr schwer tun, sie zur Stubenreinheit zu erziehen, da der Wohnraum für sie normaler Löseplatz ist. Besonders bei Kleinhundezüchtern findet man unschöne Verhältnisse, wo die winzigen Welpen in Kinderlaufställchen mitten im Wohnzimmer aufgezogen werden. Auch Kleinsthunde sind richtige Hunde, die den Anspruch darauf haben, wie Hunde behandelt zu werden.

Denken Sie bitte daran, dass Welpen sehr viel Lärm machen. Früher oder später bekommt jeder Züchter Ärger mit den Nachbarn. Fällt den Welpen mit dem ersten

So ein eigenes Welpenzimmer im Haus mit direktem Ausgang nach draußen ist ideal für eine Hundefamilie.

Welpen brauchen viel Sonne und frische Luft; ein so genannter Welpenzwinger, ein sicher abgetrenntes Stück Garten vor dem Welpenzimmer, gibt ihnen die Möglichkeit dazu. (American Cocker Spaniel)

Hahnenschrei ein, loszutoben, wecken sie den Wand an Wand wohnenden Nachbarn. Bei offenem Fenster tönt das Welpengeschrei auch über die Grundstücksgrenzen hinaus. Und wehe, die kleine Meute hat mitbekommen, dass Sie sich mit der Futterschüssel zu schaffen machen. Dann singt der ganze Chor aus voller Kehle, bis die Mäulchen tief im Brei versinken!

Kommen die Welpen dann raus in den Garten oder Zwingerauslauf, gehen die lautstarken Kampfspiele weiter.

Stimmen Sie sich unbedingt vorher mit den Nachbarn ab, ob man bereit ist, ein paar Wochen lang den Lärm der süßen Welpen zu ertragen. Denken Sie bitte daran, dass Sie als Anfänger nicht unbedingt problemlos alle Welpen verkaufen können. Es sei denn, es handelt sich um eine derzeit sehr gefragte Rasse. Viel wahrscheinlicher werden Sie ein oder zwei Welpen noch einige Wochen oder Monate länger halten müssen. Je nachdem, wie groß die Rasse Ihrer Wahl ist, kann das sehr schnell zu Problemen führen. Ein kleiner Garten gleicht binnen Tagen einer Mondlandschaft, und heranwachsende Welpen toben noch lauter herum. Wenn Sie Pech haben, und leider kommt das häufig vor, bringt man Ihnen einen Welpen zurück. Jeder Züchter kann ein Lied davon singen, dass man Käufern eben nur vor den Kopf schaut. Wie oft haben leichte Zweifel bestanden und die Familie erwies sich als ideal, oder man war ganz glücklich über das gute Plätzchen und wurde dann enttäuscht. Welpenaufzucht macht sehr viel Arbeit, und schon so mancher Welpenkäufer hat sich überschätzt. Sehr beliebt sind Hundehaarallergien als Ausrede für die Rückgabe. Es sind aber Ihre Welpen, die Sie mutwillig ins Leben gesetzt haben. Sie tragen die Verantwortung für deren Wohl und Wehe. Es wird Ihnen lieber sein, einen Hund zurückzunehmen, als ihn in eine ungewisse Zukunft im Tierheim zu entlassen! Daher müssen Sie auch die Möglichkeit dafür haben. Wenn nicht, schlagen Sie sich die Hundefamilie aus dem Kopf!

Haben Sie genug Zeit?

Selbst mit idealen Haltungsbedingungen und einem riesigen Grundstück ist es nicht getan. ZEIT muss man haben! Während der Welpenaufzuchtphase muss man 24 Stunden am Tag für Hündin und Welpen da sein.

Dass eine Hündin ihre Welpen alleine aufzieht und noch alles ganz „natürlich“ sein sollte, ist Wunschdenken. Wölfe ziehen keine 10 oder 12 Welpen auf, sondern im Regelfalle 4 bis 5. Unsere Rassehunde, einmal abgesehen von den Kleinrassen, werfen oft 6 bis 8 Welpen, bei Großrassen sind 10 bis 12 keine Seltenheit. Das kann eine Hündin nicht alleine schaffen. Da muss der Züchter mithelfen und zufüttern. Es kann passieren, dass eine Hündin nicht genug oder gar keine Milch hat, dann müssen Sie von Anfang an mit der Milchflasche nachhelfen, und das alle zwei Stunden rund um die Uhr! Auch wenn die Hündin genug Milch hat, machen nur die ersten Lebenswochen Spaß. Da werden die von der Mutter peinlichst saubergehaltenen Welpen immer wieder in die Hand genommen, geherzt und der Mutter zurückgegeben. Mama hält die Wurfkiste sauber und füttert die Kleinen.

Mit ca. drei Wochen wird es ernst, dann müssen die Kleinen mehrmals täglich zugefüttert und laufend ihre Würstchen entfernt werden. Jetzt fangen sie auch an, ihren Lebensraum zu erkunden. Wenn sie wach sind besteht ihr Leben aus Neugierde, Spielen und Lernen. In den nächsten Wochen sollten sie unbedingt alles kennen lernen, was ihnen später im Leben keine Probleme machen soll, also freundliche Kinder und Katzen, Autofahren und Staubsauger, und, und, und... Man kann gar nicht Augen und Zeit genug haben. Tatsächlich gibt es Züchter, die ganztags berufstätig sind. Es ist ein Rätsel, wie sie die Arbeit schaffen und vor

Alles, was Welpen im Garten entdecken, ist interessant, wird ausprobiert und sich gegenseitig abgejagt. (Boxer)

allen Dingen, den Bedürfnissen der Welpen gerecht werden. Wenn schon Berufstätigkeit, dann Urlaub für die Welpen!

Sehr viel Zeit nimmt auch die Betreuung der Welpenkäufer in Anspruch. Je mehr Sie werben, desto mehr Menschen werden sich hoffentlich melden, und desto besser können Sie die richtigen Leute für den richtigen Welpen auswählen. Sie werden viele Stunden mit Interessenten reden, nur um dann festzustellen, dass gar kein ernsthaftes Kaufinteresse bestand, man für die Rasse nicht geeignet ist oder Sie den Leuten keinen Hund verkaufen wollen. Je sorgfältiger Sie den Käufer auf die Rasse und das, was auf ihn zukommt vorbereiten, desto besser für den Hund.

Manchmal hat eine Hündin nicht genug Milch für alle Welpen. Dann muss mit der Flasche zugefüttert werden - alle zwei Stunden! (Collie)

Haben Sie genug Geld?

Wer glaubt, sich mit Hundezucht ein kleines Zubrot verdienen zu können, irrt. Hundezucht kostet Sie zunächst einmal sehr viel Geld, ehe Sie sich über einen Erlös aus dem Welpenverkauf freuen können. Selbst wenn alles nach Plan abläuft und keine Komplikationen eintreten, sind die Ausgaben beachtlich, wie Sie aus unserer nachfolgenden Gewinn- und Verlustrechnung ersehen können. Eine wirtschaftliche Kostenrechnung kann man gar nicht erstellen, denn den Zeitaufwand würde niemand bezahlen.

Die Kosten können natürlich nach oben variieren, da wir von Mittelwerten ausgehen. Wir sind von normalen Abläufen ohne jegliche Komplikationen bei Geburt und Aufzucht ausgegangen. Es ist nun einmal so, alles hat seinen Preis. Die wenigsten denken über diesen wichtigen Punkt nach. Hundezucht muss man sich leisten können!

In jedem Fall sollten Sie ein wenig finanziellen Rückhalt haben, falls Komplikationen eintreten und der Tierarzt helfen muss. Nehmen Sie sich Zeit und sehen Sie sich andere Zuchtstätten an, dabei kann man viel lernen, und ein guter Züchter wird sicherlich nichts dagegen haben. Bei einem Züchter, dem die Rasse am Herzen liegt, steht die Tür für Besucher immer offen. Gerade wenn Welpen da sind, sind Besucher für den Sozialkontakt der Welpen mit verschiedenen Menschen willkommen. Nur anmelden sollte man sich, da auch Züchter ein Privatleben haben.

Lernen Welpen in den ersten acht Wochen ihres Lebens im Auto gefahren zu werden, macht es ihnen später sicher keine Probleme mehr. (Briard)

Gewinn- und Verlustrechnung beim 1. Wurf, wenn alles gut geht! 2. Wurf

Hündin, mittelgroße Rasse		
Anschaffung	1.500,-	–
Futter 2,5 Jahre à 8,-	5.840,-	2300
Versicherung/Steuer	700,-	300
mind. zwei Ausstellungen	180,-	180
Fahrtkosten	600,-	600
Tierarztkosten inkl. Röntgen	600,-	300
Vereinsbeiträge	120,-	120
Gebühren HD-Auswertung, Zuchtwart, Zwingerabnahme, Kören	350,-	200
total	9.890,-	4000
1. Wurf (6 Welpen)		
Target-Test	120,-	
Wurfkiste selbstgebastelt	500,-	
Vetbed	80,-	
Rotlichtlampe	40,-	
Waage	180,-	
Welpenmilch	30,-	
Deckgebühr, Anreise, Übernachtung	1.500,-	
Tierarztkosten, Besuche, Medikamente, Impfungen	1.000,-	
Futter für Welpen und Mutter, 9 Wochen	1.000,-	
Werbung (mindestens)	400,-	
total	4.850,-	4850
insgesamt Ausgaben	14.740,-	8850
Einnahmen 6 Welpen à 1.500,-	-9.000,-	
Verlust beim ersten Wurf	**5.740,-**	

Gehen Sie planmäßig vor

Jeder, der sich einen Computer kauft mit einem völlig unbekannten Programm, weiß, dass damit auch eine Schulung fällig wird, wenn man die Technik einigermaßen beherrschen will. Die Methode „versuchen und vielleicht finden“ kann nur schief gehen. Dabei muss man bei Computern nur lernen, auf den richtigen Knopf zu drücken.

Wer sich als Züchter mit Programmen der Natur auskennen will, kann sich erst recht nicht auf „try and error“ einlassen, sonst wird er nie sein Ziel erreichen. Wer für ihre Rasse typische Hunde züchten will, die aufgrund ihres ausgeglichenen, guten Charakters und gesunder Aufzucht für ein langes, glückliches Hundeleben alle Voraussetzungen mitbringen, muss schon einige Zeit in die Vorbereitung investieren.

Zuerst kommt die Studienzeit

Besuchen Sie so viele Ausstellungen wie möglich. Ist Ihre Hündin in bester Verfassung, dann stellen Sie sie aus, ist sie es nicht, lassen Sie sie zu Hause. Sie lernen mehr, wenn Sie in Ruhe zuschauen können. Jede Ausstellung wird Ihnen, sowohl als Aussteller als auch als Zuschauer, neue Erfahrungen und Erkenntnisse bringen. Fragen Sie, wenn Ihnen etwas unklar ist. Immer wieder fragen. Bitte nicht, wenn ein Aussteller gerade seinen Hund fertig macht und sich auf seinen Auftritt im Ring vorbereitet, oder sich auf eine Leistungsprüfung konzentriert. So alt kann ein Hase gar nicht werden, dass er nicht doch ein wenig Lampenfieber hat. Das gehört dazu. Daher wirken manche Züchter oft unwirsch, und man traut sich nie wieder an sie heran. Also abwarten und fragen, wann es passt. Besuchen Sie so viele Züchter wie möglich. Fragen Sie an, ob Sie zum Lernen kommen dürfen, auch wenn Sie keinen Welpen kaufen wollen. Ein an der Rasse interessierter Züchter möchte, dass interessierte und engagierte Leute in seine Fußstapfen treten, er möchte, dass die Rasse in guten und sachkundigen Händen ruht. Er bedauert eher, dass die Neulinge scheinbar alles wissen und gar nicht mehr fragen. Auf lange Sicht sind es aber diejenigen, die nie aufhören zu lernen, denen dauerhafter Erfolg beschieden ist. Und wenn es der 100. Wurf ist - die Natur hat immer wieder Überraschungen parat. Genießen Sie die Zeit des Lernens, es ist wunderbar, wenn man neue Erkenntnisse gewinnt und spürt, wie man sich weiter entwickelt. Denken Sie aber bitte daran, dass Züchter ein Privatleben haben, Kinder, Familie, Beruf. Freizeit besteht in Hundebetreuung und Sport oder Schau. Man opfert Ihnen wertvolle Zeit, die den Hunden abgeht! Da freut man sich auch über eine kleine Aufmerksamkeit.

Die Eltern, Großeltern und Wurfgeschwister des eigenen Hundes, sowie deren Nachkommen, sind ein guter Hinweis, was vom eigenen Hund in der Zucht zu erwarten ist. (Owczarek Podhalanski)

Suchen Sie vorzugsweise Züchter, deren Hunde in der Abstammung Ihrer Hündin auftauchen. Die Zuchtbuchstelle kann Ihnen die Anschriften nennen. Dort können Sie weitere Familienmitglieder sehen, eventuell sogar Großeltern und Urgroßeltern. Fragen Sie, warum welche Paarung gemacht wurde, was sie letztlich brachte, fragen Sie nach dem Hintergrund Ihrer Hündin, ob gesundheitliche Mängel oder andere Fehler oder familientypische Merkmale bekannt sind, auf die man bei der Partnerwahl achten sollte. Stellen Sie Fragen über Fragen! Halten Sie sich bitte mit Kritik zurück, es könnte sein, dass Sie Zusammenhänge noch nicht verstehen. Zuhören und nachfragen, wenn etwas unklar erscheint ist besser.

All diese Dinge sind für die Zucht gesunder und wesensfester Hunde wichtig. Was nützt der schönste Hund, wenn er krank oder charakterlich nicht in Ordnung ist? Als Besitzer liebt man sein Tier und wird über den einen oder anderen Fehler hinwegsehen, aber als Züchter will man solche Hunde doch nicht weitergeben, oder?

Besuchen Sie Treffen des Zuchtvereins und lesen Sie die Clubzeitung. Machen Sie sich in Ausstellungskatalogen mit den Namen vertraut. Besorgen Sie sich die Zuchtbücher der letzten Jahre. Lesen Sie darin, auch wenn sie zunächst so spannend wie ein Telefonbuch anmuten. Immer wieder reinschaun, welche Züchter machen welche Paarungen. Hat man von den Welpen vielleicht schon einen auf einer Ausstellung gesehen? Dann wird das Buch sofort lebendig. Je öfter Sie darin blättern, desto interessanter wird es. Ich besitze die Zuchtbücher meiner Rasse zurück bis ins letzte Jahrhundert, eine spannendere Lektüre kann ich mir gar nicht vorstellen. Ständig tauchen wieder neue Zusammenhänge und Erkenntnisse auf, da man sich selbst ständig weiterentwickelt.

Lesen Sie alles, was es über Ihre Rasse gibt. Ist es eine englische Rasse, und Sie können ein bisschen Englisch, bietet Ihnen der englische Buchmarkt höchstwahrscheinlich eine große Auswahl wertvoller Literatur. Dank der höheren Auflagemöglichkeit durch die Sprachverbreitung gibt es dort zu den seltensten Rassen oft dicke Bücher mit vielen Fotos. Manchmal vermisse ich die für den Welpenkäufer wichtigen Informationen zur Aufzucht und Haltung, aber aus diesem Stadium sind Sie heraus, für Sie sind die historischen Kapitel interessant, die Standardinterpretationen mit Zeichnungen und Fotos, und da es sich bei den Autoren meist um erfahrene und erfolgreiche Züchter handelt, sind auch die praktischen Hinweise zur Zucht wichtig. Besuchen Sie Seminare zum Thema Hund, auch wenn sie für andere Rassen angeboten werden. Nehmen Sie sich für diese Phase sehr viel Zeit!

Die Zuchtzulassung

Um eine Zuchtzulassung für Ihren Hund zu erhalten, müssen Sie ihn im Regelfall auf Zuchtschauen (siehe „Hundeausstellung“) vorstellen. Hier kommt es auf die Formwertnote, die der Hund erhält, an. Der Zuchtverein bestimmt, welche Formwertnoten wie oft und unter welchen Richtern mindestens erreicht werden müssen, z.B. in der Jugend-Klasse mindestens SG (sehr gut) und in der Offenen Klasse ein SG oder V (vorzüglich).

Diese sollte man jedoch immer im Vergleich zum Standard seiner Rasse stellen, denn es kommt immer wieder vor, dass sich Modeerscheinungen einstellen, die so nicht im Standard gefordert sind, ja u.U. sogar untypisch sind.

Es ist schon wichtig, dass Ihre Hündin nicht mal eben zur Zuchtzulassung mitgenommen wird, sondern dass Sie sich bemühen, die bestmögliche Bewertung unter verschiedenen Richtern für sie zu erlangen. Sprechen Sie mit Ihrem Züchter, der auch ein verständliches Interesse daran hat, Hunde seines Namens nur in Topkondition im Ring zu sehen. Vielleicht hat die Hündin gerade ihr Fell verloren und sieht im Vergleich zu den Konkurrentinnen schrecklich aus. Ihnen ist das zu Hause womöglich gar nicht so aufgefallen, oder Sie glaubten, es ist eh normal, was soll's. Die derzeitige Verfassung der Hündin im Ring ist jedoch entscheidend für die Formwertnote, die Sie erreichen wollen. Lieber noch ein halbes Jahr warten, als sie in einem ungünstigen Augenblick präsentieren.

Der Zwingerschutz

Erfüllt Ihre Hündin alle Anforderungen zur Zucht, müssen Sie einen „Zwinger“ bei der Zuchtbuchstelle Ihres Vereins beantragen. Das hat nichts mit der Unterbringung der Hunde zu tun, sondern ist der Schutz des Namens für Ihre künftigen Welpen, sozusagen Ihr Markenzeichen, das kein anderer mit Ihnen teilen kann. Für den Fall, dass Ihr Wunschname besetzt ist, sollten bei der Anmeldung mehrere Namen zur Auswahl gestellt werden.

Der Name wird nur für Sie eingetragen und national oder international für Ihre Rasse geschützt. In der Regel werden Vertreter des Zuchtvereins zu Ihnen nach Hause kommen und prüfen, ob Sie von der Unterbringung her den gesetzlichen und evtl. strengeren Anforderungen des Zuchtvereins gerecht werden. Zu diesem Zeitpunkt müssen Sie schon genau wissen, wie und wo Sie den Wurf aufziehen wollen. Dabei erhalten Sie manchen wertvollen praktischen Tipp. Lassen Sie sich die Adressen der Zuchtwarte in Ihrer Nähe geben und knüpfen Sie schon mal Kontakt. Wenn man sich gut versteht, ist es für den Anfänger eine große Erleichterung und Beruhigung, einen erfahrenen Züchter an seiner Seite zu wissen, der evtl. beim Decken oder Werfen helfen kann.

Verantwortungsvolle Züchter haben zwei Ziele: Den schönsten, besten Hund seiner Rasse zu züchten und seinen Welpen den bestmöglichen Start ins Leben zu geben. (Boxer)

Die Partnerwahl

Sobald Sie mit dem Gedanken liebäugeln, mit Ihrer Hündin zu züchten, sollten Sie sich nach einem Partner umsehen. Warten Sie nicht damit, bis die Hündin heiß ist. Meist werden in den Vereinen Deckrüdenlisten geführt, manchmal auch von Rüden, die im Ausland stehen. Schauen Sie sich die Rüden genau an. Dafür muss man auch einmal weite Wege in Kauf nehmen, wenn in der Nähe kein geeigneter Partner steht.

Nicht jeder vielfache Sieger einer Hundeausstellung ist der optimale Partner für jede Hündin. (Holländischer Schäferhund)

Es muss nicht unbedingt ein Champion sein, Champion x Champion gibt nicht automatisch Champions.

Sie wundern sich sicher, dass bisher das Wort Genetik nicht aufgetaucht ist. Unsere Rassehunde wurden entwickelt, als man noch nichts über Genetik wusste. Wir kennen Züchter, die reinste Wissenschaftler sind, und doch nichts Vernünftiges auf die Beine stellen, und solche, die sich nie damit befassten und hervorragende Hunde züchteten. Aufgebaut wurde die Rassehundezucht ausschließlich, indem man die besten mit den besten paarte und rigoros ausmerzte, was nicht den Anforderungen entsprach. Tierschutz war unbekannt. Nicht nur, dass der Züchter ausmerzte, was ihm nicht gefiel, sondern Krankheiten, gegen die es keinen Impfschutz gab, sorgten dafür, dass nur die gesündesten und robustesten Welpen überleben konnten. Und das bis in dieses Jahrhundert hinein. Allein dieser Tatsache verdanken wir, dass wir heute auf gesunde Rassehunde zurückgreifen können. Erst wir modernen Generationen mit all unseren Kenntnissen der Genetik und der Tiermedizin haben die Problemhunde geschaffen, mit denen man sich heute manchmal plagen muss und die den guten Ruf der Rassehunde allgemein schädigen.

Damals wurde sehr viel mit Inzucht gearbeitet. Über rigorose Auslese wurden die erwünschten Merkmale im Erbgut angehäuft und die unerwünschten verdrängt. Voraussetzung dafür, dass so eine Inzucht gelingt, ist, dass man seinen Zuchtstamm über Generationen hinweg kennt. Damals lag die Rassehundezucht meist in Händen wohlhabender Leute, die riesige Zuchtstätten mit Personal unterhielten. Sie schufen Zuchtstämme, die die Rassen bis heute prägen.

Als Anfänger können Sie auf die Schnelle die nötigen Kenntnisse nicht erwerben, Sie müssen sich, was den Typ betrifft, auf Ausstellungsbewertungen verlassen können. Doch da gibt es noch viel Raum für persönlichen Geschmack. Man muss dem derzeitigen Siegertrend nicht folgen, wenn man nicht selbst davon begeistert ist. Oftmals haben die Anfänger einen sehr viel besseren Blick und Instinkt für das Gesamtbild einer Rasse, weil sie nicht auf bestimmte Merkmale achten. Denken Sie daran: Sie tragen die Verantwortung für IHRE Welpen, auch gegenüber den Käufern. Sie müssen 100% dahinter stehen und sagen können, das war der Rüde, der mir für meine Hündin am besten gefiel. Machen Sie niemals Kompromisse, was Charakter und Gesundheit angeht. NIEMALS! Ihre Welpen werden ganz sicher Familienhunde sein, und dazu müssen sie taugen. Schönheit liegt im Auge des Betrachters. So wie Ihre Hündin für Sie die schönste ist, sind es auch die Welpen für Ihre Käufer. Da interessiert überhaupt nicht, welcher Champion gerade populär ist. Kein Rüde ist ein Allroundvererber, alle tragen in ihrem Erbgut Positives und Negatives, was sie weitergeben. Manche vererben bestimmte begehrte Merkmale dominant. Darunter hängen immer auch unerwünschte. Das ist eine Tatsache des Lebens. Hier werden oft fatale Fehler gerade bei der Auswahl der Rüden gemacht. Da gewinnt ein Rüde, ist vielleicht sogar Champion, und gleich will ihn jeder für seine Hündin haben. Wird ein Rüde zu häufig eingesetzt, kann das positive, aber ebenso negative Auswirkungen auf die ganze Rasse haben, und seltene Rassen mit schmaler Zuchtbasis ruinieren. Dort produziert ein populärer Rüde schnell 60 bis 70 % der Nachzucht, und was bleibt dann? Welche Hunde können dann noch verpaart werden?

Lassen Sie sich niemals dazu ermutigen, „Linie“ zu züchten oder gar Inzucht zu betreiben, wenn Sie die Eltern und Großeltern der beteiligten Hunde nicht selbst kennen oder sich an einem Züchter Ihres Vertrauens orientieren können. Verwandtschaftszucht birgt Risiken und bringt nur dem Nutzen, der wirklich weiß, womit er arbeitet, der die Schwächen und Vorzüge mit eigenen Augen gesehen hat. Ein populärer Name allein besagt gar nichts! Es ist durchaus möglich, dass ein super Vererber hervorragende Nachzucht bringt, man es aber tunlichst unterlassen sollte, auf ihn inzuzüchten. Diese Kenntnisse kann ein Anfänger nicht mitbringen. Sie müssen sich auf das verlassen, was Sie gesehen haben, und Sie müssen den Rüden lieben. Der Wurf wird weisen, ob Sie richtig gelegen haben. Solange es gesunde und charakterlich einwandfreie Hunde sind, tut es keinem weh, wenn der Punkt „Schönheit“ nicht so gut geklappt hat. Inzucht oder Linienzucht ist nur etwas für erfahrene Leute. Nehmen Sie lieber einen Rüden, dessen Ahnen in den ersten vier oder fünf Generationen Ihrer Hündin nicht auftauchen, sofern das in Ihrer Rasse überhaupt möglich ist. Arbeiten Sie nur mit dem Phänotyp, dem äußeren Erscheinungsbild, solange Sie den Genotyp (das was in den Erbanlagen steckt) nicht kennen!

Jetzt wird es ernst

Der Rüde Ihrer Wahl

Hurra, Sie haben ihn gefunden, den Rüden Ihrer Wahl. Setzen Sie sich bitte sofort mit dem Besitzer in Verbindung, zeigen ihm Ihre Hündin und die Ahnentafel. Sollte er sich kritisch zeigen, danken Sie dafür. Fühlen Sie sich nicht abgekanzelt. Danken Sie, wenn er Ihnen die Gründe nennt und beraten Sie mit ihm, welcher Rüde stattdessen besser zu Ihrer Hündin passen würde. Oft sehen Deckrüdenbesitzer nur das Geld (die Decktaxe, die den Wert eines Welpen nicht überschreiten sollte) oder die Ehre, dass der Rüde gefragt ist und preisen ihre Rüden wider besseres Wissen an. Der verantwortungsvolle Deckrüdenbesitzer sieht sich ebenfalls als Züchter und in der Verantwortung für die Welpen. Er wird sich hüten, Hündinnen zuzulassen, bei denen er mit negativem Ergebnis rechnen muss.

Akzeptiert der Rüdenbesitzer Ihre Hündin, müssen Sie Ihre Wunschverbindung möglicherweise vor dem Deckakt vom Verein genehmigen lassen. Planen Sie diese Zeit mit ein! Teilen Sie dem Rüdenbesitzer mit, wann die Hündin voraussichtlich zum Belegen so weit ist und vereinbaren die Decktaxe. Melden Sie sich sofort beim Rüdenbesitzer, wenn die Hündin heiß wird, um sicherzugehen, dass er wirklich noch zur Verfügung steht. Denken Sie daran, man ERLAUBT Ihnen, gegen eine relativ geringe Gebühr den Rüden zu benutzen. Sie haben keinen Anspruch darauf. Es wäre denkbar, dass der Rüdenbesitzer privat verhindert ist. Auch das müssen Sie akzeptieren. Es ist deshalb angebracht, einen zweiten Rüden ins Auge zu fassen. Aber beweisen Sie bitte Fingerspitzengefühl: „Wenn der nicht deckt, komme ich zu Ihnen“ hört kein Rüdenbesitzer gerne...

Müssen Sie weit zum Rüden reisen, planen Sie genug Zeit ein. Die Hündin muss sich nach einer langen Reise erholen und entspannen, sie kommt in eine fremde Umgebung, muss sich dem Rüden stellen, das kann für einen bisher als Einzelhund gehaltenen Familienhund ein Problem

Rüde und Hündin sollten Gelegenheit haben, sich vor dem Deckakt etwas kennen zu lernen. Es muss aber kein gemeinsamer Spaziergang sein. (Owczarek Podhalanski)

sein! Ob ein zweiter Deckakt notwendig ist, entscheidet in der Regel der Rüdenbesitzer. Hat alles reibungslos geklappt, lässt man der Hündin wieder ein wenig Zeit und fährt dann in Ruhe nach Hause. Das Deckgeld wird nach dem Deckakt gegen Aushändigung des Deckscheins und einer Quittung fällig. Vereinbarungen jeglicher Art sollten schriftlich vor dem Deckakt festgehalten werden. Bezahlt wird der Deckakt und nicht das Ergebnis. Anspruch auf ein Nachdecken besteht nicht. Manche Deckrüdenbesitzer gewähren einen kostenlosen Deckakt, wenn die Hündin keine Welpen bekommt. Legen Sie schriftlich fest, ob z.B. nur mit dieser Hündin bei diesem Rüden usw., damit keine Missverständnisse aufkommen.

Die Vorbereitung der Hündin

Nun sind alle formellen Bedingungen erfüllt, wann soll die Hündin belegt werden? Spätestens jetzt müssen Sie sich Gedanken über den Verkauf der Welpen machen. Bei der Welpenvermittlung Ihres Vereins erfahren Sie die Tendenz, ob die Rasse gefragt ist und eine lange Schlange

Der Hündin lässt sich umwerben. Der Rüde ist ihr nicht unsympathisch. Das ist wichtig, denn sie sucht den Vater ihres Nachwuchses mit aus. (Owczarek Podhalanski)

an Interessenten wartet oder im Moment eine Flaute herrscht. Erwarten Sie nicht, dass Ihnen die Welpenvermittlung die Arbeit des Verkaufs abnimmt. Sie ist nur ein Service des Vereins, ankommende Anfragen weiterzuleiten. Ist Ihre Rasse nicht gerade „in" und begehrt, machen Sie sie bekannt. Gehen Sie mit Ihrer Hündin zu Ausstellungen, verteilen Sie Visitenkarten und kostenlose Fotos, nehmen Sie sich Zeit für Interessentengespräche. Bestellt jemand einen Welpen, bitten Sie um eine Anzahlung. Nur wer ernsthaft interessiert ist, kommt diesem Wunsch gerne nach. Je nach durchschnittlicher Welpenzahl Ihrer Rasse sollten Sie knapp die Hälfte der Welpen fest versprochen haben, ehe Sie überhaupt anfangen.

Im Sommer macht es mehr Spaß Welpen zu haben, das ist ganz klar. Die Welpen können schon früh ins Freie, sie genießen eine vielfältige Umwelt und Sonnenlicht. Die ganze Sache gestaltet sich nicht nur für Sie erheblich einfacher, sondern ist auch für die Hunde gesünder. Problem ist, dass die Welpen möglicherweise in der Ferienzeit oder kurz zuvor abgabereif sind. Die einen Welpenkäufer nutzen gerne den Urlaub für die ersten intensiven Wochen mit ihrem neuen Familienmitglied, die anderen wollen vielleicht noch eine Reise ohne Hund genießen. Erfahrungsgemäß beginnen die Welpeninteressenten weit vor dem Urlaub damit, sich nach einem Züchter umzusehen, um direkt anschließend den Welpen übernehmen zu können. Schließlich ist es auch für den Welpenkäufer erheblich einfacher, einen jungen Hund in den Sommer hinein aufzuziehen als im Winter. Bieten Sie an, die Welpen bis zur Rückkehr aus dem Urlaub zu behalten.

Sie haben bisher Buch geführt über den Rhythmus der Hündin, wie die letzten Hitzen verlaufen sind und wissen in etwa, wann die Läufigkeit erwartet wird und suchen einige Wochen vorher den Tierarzt auf. Er sollte sie auf Herz und Nieren prüfen, die Impfungen auffrischen und auf Wurmbefall untersuchen. Dazu liefern Sie bitte Kotproben der letzten drei Tage ab. Bitte keine Wurmkur vorbeugend auf gut Glück. Ein guter Tierarzt wird diese Ansicht teilen und gerne den Kot gegen eine geringe Gebühr untersuchen, um eventuellen Befall gezielt behandeln zu können. Ist die Hündin gesund und vorbereitet, erleichtert das den Welpen den Start ins Leben sehr und erspart Ihnen Aufregung und Kosten.

Der richtige Zeitpunkt

Bei den nachfolgenden Beschreibungen biologischer Vorgänge gehen wir vom Normalfall aus. Abweichungen sind durchaus normal und natürlich, weil Hunde selten Bücher lesen. Wir können in diesem Rahmen nicht auf alle Eventualitäten eingehen.

Tauschen Sie sich mit Züchtern oder einem in dieser Rasse erfahrenen Zuchtwart aus. Manchmal sind sie hilfreicher als ein Tierarzt, der selbst keine Zuchterfahrung hat.

Manche Deckrüdenbesitzer verlangen einen Scheidenabstrich, der bescheinigt, dass die Hündin frei von schädlichen Bakterien ist, die der Rüde auf weitere Hündinnen übertragen könnte. Je nach Befall werden die Spermien abgetötet, so dass nicht nur der Aufwand für Sie umsonst war, sondern Sie den Rüden und weitere Hündinnen gefährden. Sollte die Hündin Befall zeigen, kann das relativ schnell behandelt werden und eine gesunde Hündin zum Rüden geführt werden. Sprechen Sie darüber mit Ihrem Tierarzt. Im eigenen Interesse sollte man die Untersuchung auch dann durchführen lassen, wenn sie nicht verlangt wird. Ebenso gut können Sie den Nachweis erwarten, dass der Deckrüde keine krankhaften Keime überträgt.

Die Hündin wird im Regelfalle zwischen dem 6. und 7. Monat zum ersten Male läufig. Dann wiederholt sich der Zyklus alle 6 Monate. Die Läufigkeit dauert rund drei Wochen, in deren Mitte etwa der Eisprung erfolgt. Die Hündin sollte frühestens bei der dritten Hitze belegt werden, wenn sie alle 6 Monate heiß wird. Haben Sie sich nun für die kommende Hitze entschlossen, achten Sie sorgfältiger als sonst auf die Hündin. Meist fängt sie an, sich im Charakter etwas zu verändern, wird verschmuster und fordert mehr Streicheleinheiten. Sie hört nicht mehr so gut wie sonst, schnüffelt mehr herum. Manche werden etwas nervöser. Jetzt wischt man täglich mit einem Papiertaschentuch die Scheide ab, um die ersten Tröpfchen des blutigen Ausflusses zu erwischen. Manchmal sieht man es kaum, manche Hündinnen halten sich sehr sauber. Wenn die ersten Blutstropfen auf dem Boden liegen, ist der 1. Tag meist schon verpasst und das große Rätsel des richtigen Decktages geht los. Auf dem Tempotuch erkennen Sie schon sehr früh geringe, farbliche Veränderungen. Rüden interessieren sich im allgemeinen schon vorher für die Hündin, die nun immer öfter Bächlein macht, ja regelrecht markiert. Sie legt eine Spur, damit nur ja viele Rüden zu ihrer freien Auswahl zur Verfügung stehen. Sollte es in Ihrer Nachbarschaft viele freilaufende Rüden geben, kommen Sie bitte nicht auf die Idee, irgendwelche geruchbindenden Mittel anzuwenden. Schließlich soll sich der Auserwählte ja nicht abschrecken lassen! Ihnen bleibt nur kleinere Hunde auf den Arm zu nehmen und vom Haus wegzutragen, oder die Hündin im Auto zu einem entfernteren Löseplatz zu fahren, damit keine Spur nach Hause führt. Lassen Sie sie auch nicht mehr unbeaufsichtigt im Garten, irgendwo gibt es immer eine undichte Stelle im Zaun oder Kletterkünstler.

Die kritische Phase nähert sich, wenn der blutrote Ausfluss (es ist kein Menstruationsblut wie bei der Frau, sondern eine eigens abgesonderte Flüssigkeit) in blassrosa übergeht, die Scheide ist beträchtlich angeschwollen, hat aber gerade so den Höhepunkt der prallen Schwellung überschritten. Krault man die Hündin auf der Kruppe, legt sie die Rute zur Seite weg, um den Weg freizumachen. Das tut sie nun auch vor Rüden - Achtung, da geht es plötzlich ganz schnell, und der unerwünschte Freier reitet auf. Ist er erst einmal eingedrungen, schwillt der Schwellkörper im Penis an, der Scheidenring der Hündin zieht sich zusammen, und es kommt zum hundetypischen Hängen. Jetzt kann nichts und niemand mehr die Tiere trennen, ohne sie erheblich zu verletzen. Da hilft nur warten. Also bitte nicht so weit kommen lassen!!!

Allgemein liegt der richtige Decktag zwischen dem 12. und 15. Tag der Hitze. Wir selbst haben aber schon erlebt, dass eine Hündin erst am 17. oder gar 22. Tag so weit war. Eine Collie-Hündin, die sich nie willig decken ließ, unter Zwang nur ein oder zwei Welpen hatte, wurde bei zu Ende geglaubter Hitze wieder mit einem Rüden zusammengelassen und prompt gedeckt! Sie hatte einen vollen Wurf!

Leider ist der Rüde selten so nah, dass man an mehreren Tagen anreisen könnte. Um den richtigen Zeitpunkt nicht zu verpassen, insbesondere, wenn eine lange Reise ansteht, empfehlen wir den Target-Test. Sprechen Sie mit dem Tierarzt darüber, ehe die Hündin heiß wird, ob er ihn durchführen kann. Bei diesem Test wird der Hündin etwas Blut abgenommen und in einer Zentrifuge werden die weißen und roten Blutkörperchen getrennt. Die weißen Blutkörperchen werden mit einer chemischen Flüssigkeit beträufelt, je nachdem, wie weit die Hitze der Hündin ist, verfärben sie sich von dunkelblau bis weiß. Die Kosten pro Test halten sich im Rahmen, es ist auf jeden Fall preiswerter,

Sind sich die Hunde einig, übernimmt die Natur die Regie und alles klappt von alleine: Der Rüde reitet auf und deckt die Hündin. (Owczarek Podhalanski)

als mehrmals weite Strecken umsonst zu fahren. Wenn die Hündin zum ersten Mal belegt werden soll, beginnt man am besten mit dem ersten Test am 5. oder 6. Tag der Hitze, damit man nicht in Zeitdruck kommt und wiederholt ihn nach zwei bis drei Tagen. Die Verfärbung wird immer heller. Ist sie ganz weiß, muss innerhalb eines Tages bzw. spätestens am nächsten Tag der Deckakt erfolgen. Rufen Sie sofort den Rüdenbesitzer an, der Sie ja so ungefähr erwartet, damit er auch wirklich zu Hause ist. Fiel Ihre Entscheidung auf einen unerfahrenen Rüden in unerfahrenen Händen, versuchen Sie, von einem erfahrenen Züchter oder dem Zuchtwart im Notfall Hilfestellung zu bekommen (vorher bitte rechtzeitig vereinbaren!). Nichts ist frustrierender, als eine zickige Hündin, ein Rüde, der sich nicht rantraut und ratlose Hundebesitzer! Meistens klappt es am besten, wenn man die Hunde ganz in Ruhe lässt. Immerhin vermehrt sich der Hund seit vielen tausend Jahren ohne menschliches Zutun! Stehen aber ganze Familien drum herum und wirken auf ihre Hunde ein, verstört das die Tiere oft sehr. Entweder die Hündin lässt sich nicht decken oder der Rüde will nicht so recht. Die ganze Aufregung überträgt sich auf die Hunde, glauben Sie uns, wir sprechen aus Erfahrung. Auch uns hat einmal eine ganz erfahrene Züchterin geholfen. Denken Sie daran, jeder Züchter hat einmal angefangen.

Erfahrene Deckrüdenbesitzer stellen ihre Rüden frühzeitig auf ihre Aufgabe ein. Sie sorgen dafür, dass ihn seine erste Hündin mag und sich willig decken lässt. Und das an einem bestimmten Ort auf einem bestimmten Teppich. Hat er seine Sache gut gemacht, wird er gelobt, und er lernt von Anfang an, sich von seinem Besitzer anfassen zu lassen, und dass die Hündin für ihn gehalten wird. Ein so angelernter Rüde macht weniger schlechte Erfahrung und wird so ganz schnell ein erfahrener Hase, der jedes Besucherauto erst mal nach einer Hündin absucht und nicht lange fackelt, wenn sie sich ihm stellt.

Überlässt man den Rüden sich selbst und seinen Erfahrungen, kann der Anlauf schwieriger werden. Ist er sensibel, verdirbt man ihn unter Umständen ganz. Lebt der Rüde in einem Rudel, weiß er genau, wo's lang geht. Da kriegt er von deckunwilligen Hündinnen Ohrfeigen und lernt, wie man mit Hündinnen umgeht. Er wird im eigenen Stall freiwillig als Nachwuchsrüde niemals die führende Althündin decken! Das ist Hundeart. Ebenso kann es vorkommen, dass ein Jungrüde nicht deckt, weil der Boss durch den Zaun zuguckt. Es gibt Rüden, die nicht in Gegenwart ihres Herrchens decken, sofern sie ihn als Chef anerkennen. Auch für Rüdenbesitzer ist der Besuch einer Hündin eine aufregende Sache. Wird es klappen, oder reisen die Leute etwa umsonst an? Er bemüht sich um die Hündin, schmust mit ihr, betrachtet sich die Scheide usw. - sieht der Rüde zu, ist das für ihn ganz normales Verhalten - und er überlässt dem Boss das Decken...

Nur nicht die Nerven verlieren und anfangen zu manipulieren. Suchen Sie sich einen Platz, wo die anderen Hunde keinen Zugang haben. Gibt es ein Dominanzproblem mit Herrchen, geht es mit Frauchen vielleicht besser. Ruhe und Normalität sind das Wichtigste.

Kommen Sie nach einer langen Fahrt mit der Hündin an, gehen Sie erst einmal ein Stück mit ihr, damit sie sich lösen kann. Idealerweise lässt man sich Rüde und Hündin durch einen Zaun miteinander bekannt machen. Da sieht man schon, wo die Sympathien liegen! Mögen sich die beiden, die Hündin fängt an zu spielen, lässt man sie zunächst angeleint zusammen. Er wird sie beschnüffeln, die Öhrchen lecken, auf die Spielaufforderung eingehen. Sie legt die Rute zur Seite. Entweder geht es nun blitzschnell, oder der Deckrüdenbesitzer bringt Sie mit der Hündin - der Rest der Familie geht am besten spazieren - dahin, wo üblicherweise gedeckt wird.

Der Rüde reitet auf, dringt ein, durch heftige Bewegung unterstützt er das Anschwellen des Schwellkörpers, der Scheidenring verengt sich, die Hunde hängen. Nun versucht der Rüde, mit den Vorderläufen von der Hündin abzusteigen - auch das kann er ganz alleine!! - und die Tiere verbringen die restliche Zeit Hinterteil an Hinterteil, bis sie sich wieder lösen. Der Rüde leckt sich sofort sauber, die Hündin sollte jetzt nicht unmittelbar Bächlein machen. Das Hängen ist hundetypisch und soll die Chancen der Befruchtung verbessern. Es kann von wenigen Minuten bis zu einer Stunde dauern. Also besorgen Sie sich eine Sitzgelegenheit. Auf den Knien, die Hunde festhaltend, kann es lang und schmerzhaft werden! In der Natur hält auch keiner die Hunde fest, aber die meisten Züchter fühlen sich besser, wenn sie nicht befürchten müssen, dass irgendetwas die Tiere erschreckt und sie sich losreißen könnten. Oft brauchen sie einfach das Gefühl, ohne sie geht es nicht. Da mag es auch rassebedingte Unterschiede geben, ich habe von Hunden gehört, die förmlich ineinander gesteckt werden müssen. Muss man so was züchten????

Natürlich kann es vorkommen, dass eine Hündin sich überhaupt nicht decken lässt. Das kann viele Gründe haben. Oft sind sie eher psychologischer Art. Eine in der Familie einzeln gehaltene Hündin, die nur hysterische Besitzer kennt, sobald sich ihr ein Rüde nähert, wird sich schwer tun. Auch gibt es ganz klare Sympathien und Antipathien. Instinktiv versucht die Hündin, für ihre Nachzucht den in ihren Augen idealen Partner zu finden. Es kann wirklich nicht der richtige Tag sein, oder die Umgebung macht ihr Angst. Auch da heißt es wieder flexibel zu sein, wie benimmt sie ich auf neutralem Boden? Will sie erst spielen? Benimmt sie sich ganz anders, wenn Herrchen und Frauchen nicht dabei sind? Dann überlässt man

Das hundetypische Hängen gehört zum Deckakt. Es kann nur Minuten, aber auch bis zu einer Stunde dauern.

Eine tragende Hündin ist nicht krank und schont sich kaum, sie braucht bis zum letzten Tag Bewegung. (Owczarek Podhalanski)

sie besser dem Rüdenbesitzer und kommt dazu, wenn die Tiere hängen. Ehe man der Hündin einen Beißkorb anzieht und sie vergewaltigt, versuchen Sie zu dem „Ersatzrüden“ zu fahren und es dort auszuprobieren. Oftmals nehmen unter Zwang gedeckte Hündinnen gar nicht auf. Der ganze Körper wehrt sich und verhindert so, dass Tiere aus Umständen heraus geboren werden, die den Instinktabläufen der Hündin nicht entsprachen. Natürlich können auch anatomische Veränderungen in der Hündin das Eindringen schmerzhaft gestalten, so dass sie sich wehrt. Deshalb ist es in jedem Falle ratsam, die Hündin vor der Hitze untersuchen zu lassen.

Hier zeigt sich wieder einmal, dass man Zeit und Geduld haben muss. Die Hunde brauchen ihre Zeit und man muss lernen, ihnen zu vertrauen. Vertrauen Sie Ihrer Hündin, vertrauen Sie der Natur - Hunde haben sich schon immer alleine fortpflanzen können. Immer ein wachsames Auge, ja - für alle Fälle, aber erst mal den Hund machen lassen und dann sehen!

Eine Bitte im Interesse der Hunde: Lassen Sie sich niemals so weit hinreißen, unter allen Umständen den Deckakt zu erzwingen. Es gibt deckfaule Rüden. Will ein Hund nicht decken, ist er entweder nicht topfit oder instinktmäßig nicht sicher programmiert. Ein kranker Hund soll nicht decken, und erst recht keiner, der Mängel im Bereich der Fortpflanzung zeigt. Auch so etwas vererbt sich. Bei der Lebensuntüchtigkeit hört der Spaß auf. Kein Leben ohne Fortpflanzung! Lassen Sie sich keine Geschichten erzählen und zu einer künstlichen Besamung überreden. Es warten noch viele schöne agile Rüden auf Ihre Hündin, vielleicht nicht bei dieser, aber dann doch bei der nächsten Hitze.

Das lange Warten - die Trächtigkeit

Die Trächtigkeit einer Hündin dauert normalerweise 63 Tage, gerechnet vom Tag des Deckens ab. Schwankungen von 59 bis 65 Tage sind durchaus normal. Es hängt davon ab, wie viele Welpen die Hündin hat, denn bei größeren Würfen kommt es häufiger vor, dass sie etwas früher wirft.

In dieser Zeit sollte alles seinen normalen Gang gehen. Regelmäßige gewohnte Spaziergänge und normale Futterportionen werden beibehalten. Erst im letzten Drittel der Trächtigkeitsphase sollten die Portionen erhöht und auf mehrere Mahlzeiten verteilt werden. Kalzium sollte dann zugefüttert werden. Hochwertiges Eiweiß in Form von rohem Rinderhack, rohem Eigelb, rohes püriertes Gemüse usw. sollten das Mehr der üblichen Menge ausmachen. Die Spaziergänge werden weniger anstrengend, notfalls muss man zu ungestüme Rudelgenossen zur Vorsicht ermahnen, die tragende Hündin sollte in den letzten Wochen nicht über Gebühr toben. Schonen muss man sie nicht, durchtrainiert zu sein ist für die Geburt besser, als schlaff und zu dick.

Es gibt kein eindeutiges Anzeichen dafür, dass eine Hündin aufgenommen hat und trächtig ist. Manche Hündinnen haben ein größeres Schlafbedürfnis, aber natürlich ist das kein sicheres Zeichen, da sich eine scheinträchtige Hündin genauso verhalten kann. Es gibt Hündinnen, denen man überhaupt nichts anmerkt. Eine unserer Hündinnen hat bis zum letzten Tag so getobt, dass man sie manchmal bändigen musste. Andere verändern sich schon sehr früh in Wesen und Essverhalten.

Kluge Köpfe empfehlen Ultraschall oder gar Röntgen. Wir halten das für absolut unnötig. Durch diese Zeit muss man

Manchmal werden tragende Hündinnen etwas mäkelig beim Fressen. (Rauhhaarteckel)

durch. Dass Röntgen nicht gesund ist und nur im äußersten Notfall angebracht ist, wenn die Hündin nicht pünktlich werfen will, ist bekannt. Angeblich ist Ultraschall vollkommen unschädlich. Ist es das wirklich zu jeder Zeit der Welpenentwicklung? Gelegentlich hört man Züchter klagen, dass bei der Ultraschalluntersuchung eindeutig Welpen da waren, aber die Hündin sie dann aufgelöst hat. Vielleicht veranlasst der Stress, den die Hündin für die Untersuchung beim Tierarzt durchmacht, den Körper die Schwangerschaft abzubrechen, und die Früchte aufzulösen. Wir beißen die Zähne zusammen und sparen uns das Geld. Bei langhaarigen Rassen wird dafür Fell abgeschoren, das nur langsam nachwächst. Wenn die Hündin keine Welpen bekommt, behält sie noch lange die hässliche kahle Stelle am Leib.

Ein sicheres Anzeichen ist ab dem 21. Tag ein gelartiger leichter Ausfluss aus der Vulva. Diesen ganz klaren Ausfluss stellt man am besten morgens vor dem ersten Bächlein fest. Eine regelmäßige Kontrolle ist sowieso angezeigt, damit man Veränderungen sofort bemerkt. Jegliche Verfärbung dieses Ausflusses, unangenehmer Geruch etc. sollte mit dem Tierarzt besprochen werden. Auch werden die hinteren dicken Zitzen kräftiger rosa, so als ob sie stärker durchblutet würden.

Etwa ab der 5. bis 6. Woche kann man eine kleine Wölbung des Bauches sehen. Am Anfang muss man schon genau hinsehen, da es auch davon abhängt, wie viele Welpen eine Hündin bekommt. Bei kurzhaarigen und sehr schlanken Hunden ist es sicherlich besser zu erkennen als bei großen mit dickem Fell und tiefer Brust. Bitte tasten Sie niemals am Bauch der Hündin herum und lassen Sie keinen Unerfahrenen ran.

Die Ewigkeit von 63 Tagen ist gar nicht so lang, warten Sie den Wurftermin in Ruhe ab!

Vorbereitung auf den Wurf - Die Wurfkiste

Spätestens nach dem erfolgten Deckakt stellt man sich auf die Unterbringung der neuen Familie ein.

Zunächst sollten Sie sich eine Wurfkiste zimmern, die Sie nach dem Wurf auseinandernehmen und bis zum nächsten Mal wegräumen können. Wollen Sie sich tiefer in die Hundezucht stürzen und regelmäßig Welpen aufziehen, werden Sie bald aufgrund Ihrer eigenen Erfahrungswerte einen festen Wurfraum installieren. Da der Wurfraum auch für die Welpenaufzucht genutzt werden soll, ist es ratsam, Boden und Wände 1 m hoch zu fliesen, was die Sauberhaltung wesentlich erleichtert. Glatte Bodenfliesen werden mit einem rutschfesten Gummibelag abgedeckt. Die Welpen rutschen dann nicht zu sehr, und es dringt kein Urin in die Fugen ein. Die Matte lässt sich leicht reinigen, und der Raum riecht so nie unangenehm nach Hund. Es ist ganz wichtig für die Entwicklung der Hüftgelenke, dass der Welpe nie wegrutscht! Bänder und Sehnen werden überdehnt, die noch weichen Hüftgelenksknochen haben keinen festen Halt, eine Hüftgelenksdysplasie ist vorprogrammiert.

Die Wurfkiste kann man mit etwas handwerklichem Geschick selbst bauen.

Sie sollte so groß sein, dass sich die Hündin bequem darin ausstrecken kann. Die Wände werden nicht zu niedrig gehalten, damit sich die Hündin bei den Wehen im Stehen an den Seitenwänden abstützen kann, was ihr beim Pressen guttut. Einige Zentimeter über dem Kistenboden, Auflagen eingerechnet, bringt man eine kleine Leiste ringsum an, damit sich die Hündin nicht aus Versehen auf einen Welpen legt und ihn zerquetscht. Dieses Risiko besteht in der Regel nur bei überschweren Rassen, wenn die Hündin beim Hinlegen ihr Gewicht nicht unter Kontrolle hat und in die Kiste plumpst. Wir kennen niemanden, der dabei war, als die Hündin einen Welpen „totgelegen" hat, vielmehr fand man stets den toten Welpen vor, ohne die Todesursache zu kennen. Oft verscharrt die Hündin einen toten Welpen, so dass der Eindruck entsteht, er sei in einer Ecke oder Falte erstickt worden. Wie dem auch sei, diese Leiste anzubringen schadet nicht.

Als Material verwenden wir kunststoffbeschichtete Spanplatten. Die Wurfkiste sollte auf kleinen Füßen stehen, so dass Zugluft und Bodenkälte nicht aufsteigen können. An der Vorderseite befestigen Sie zwei Schienen, in die Bretter eingeschoben werden können. Zunächst nur ein flaches, das das Bettzeug beisammen hält, später kann man aufstocken, damit die Welpen

Für die Geburt ist die Wurfkiste mit einer Gummimatte und Bettlaken ausgelegt. Diese Bobtailhündin scharrt sich ein Nest daraus.

nicht rauskrabbeln, die Hündin aber bequem hinausspringen kann.

Als Bettzeug eignet sich ein passend geschnittenes Vetbed oder Drybed. Diese Vliese wurden als Unterlagen für kranke Menschen und Tiere entwickelt, sie sind weich, warm, geben Feuchtigkeit nach unten ab, lassen aber keine aufsteigen. Sie sind bei 60° waschbar, im Trockner oder auch so schnell zu trocknen, und sie sind die einfachste und sauberste Lösung. Diese Investition lohnt sich unbedingt. Jahrelang hat man daran Freude, auch als Unterlage für den alten Hund. Die Vliese sind in jedem besseren Hundefachgeschäft oder Versandhandel zu bekommen, besonders günstig werden sie auf den großen Ausstellungen angeboten. Unter das Vlies kommt eine Gummimatte auf den Kistenboden.

Manche Hündin fühlt sich in der Wurfkiste nur dann wohl, wenn sie mit einer Abdeckung zur „Höhle“ gemacht wird - Kanaan Hündin.

Es kann sein, dass die Hündin die Kiste nicht annimmt und lieber auf dem Sofa wirft. Manchmal hilft es, die Kiste von oben mit einer Decke oder leichten Spanplatte abzudecken und eine Art Höhle zu schaffen. Oder Sie bauen gleich ein festes, aufklappbares Dach, das die Hündin später als Liegeplatz, unerreichbar für die Welpen, nutzen kann. Sie wird diese Fluchtmöglichkeit sehr schätzen und es nimmt ihr viel Stress. Hunde würden sich in der Natur (viele Rassehunde versuchen es auch noch im Garten) eine Höhle graben und darin werfen. Alleine aus diesem Grunde ist die Wurfkiste mitten im Wohnzimmer, um die sich die ganze Familie versammelt, NICHT artgerecht!

Die Hundefamilie braucht Ruhe. Natürlich soll die Bezugsperson viel Zeit mit Mutter und Kindern verbringen, aber mitten in der Küche muss die Kiste nun wirklich nicht stehen!

Günstig ist ein Vorrat an sauberen, ausrangierten Betttüchern, die auf die Gummimatte in die Kiste gelegt werden. Die Hündin kann damit herrliche Nester scharren, und man kann sie nötigenfalls während der Geburt auswechseln. Ist die Geburt abgeschlossen, wird das Laken gegen das Vetbed ersetzt. Es verrutscht nun nicht mehr und bietet den kleinen Pfötchen genug Widerstand, um sich beim Saugen abzustützen. Hier stellt man schon die Weichen für eine gesunde Knochenentwicklung, denn bei den Neugeborenen sind die Knochen noch knorpelig und weich. In einer natürlichen Erdhöhle würden sie auch nicht wegrutschen. Im Wurfraum sollte Platz für ein Gästebett sein. Die Bezugsperson der Hündin sollte sich mit der Hündin zwei Wochen vorher einquartieren und bis etwa zur dritten Lebenswoche der Welpen im Wurfraum schlafen.

Checkliste für den Welpenraum

- *Bettlaken*
- *Handtücher*
- *Vetbed*
- *Rotlichtlampe*
- *Babywaage*
- *Zahnseide*
- *Schere*
- *Block und Stift*
- *Wasserschüssel*
- *Traubenzucker*
- *Welpenmilchpulver*
- *Fieberthermometer*
- *Thermometer für Raumtemperatur*
- *Bachblüten-Notfalltropfen zur Anregung des Kreislaufs*
- *Pulsatilla-Tropfen für die Hündin nach der Geburt*
- *Halsband und Leine*
- *Wärmflasche und kleine Wäschewanne für die Welpen*
- *Wassereimer und Schwammtuch zum Reinigen der Wurfkiste und Hündin*

Vorbereitung auf die Geburt

Während der Trächtigkeit sollten Sie weiterführende Literatur zum Thema Zuchtpraxis lesen und sich mit den kommenden Vorgängen theoretisch vertraut machen. Wir können im Rahmen dieses Buches nur allgemeine Hinweise geben.

Etwa 1-2 Wochen vor dem Geburtstermin fangen Sie an, die Hündin an das Wurfzimmer zu gewöhnen. Stellen die Babywaage (am besten eine digitale, weil genauer) auf einen festen Tisch oder eine Kommode, so dass Sie bequem herankommen, legen Sie Zahnseide zum Abbinden der Nabelschnur und eine Schere bereit. Alle anderen Utensilien sind an ihrem Platz. Block und Stift für das Wurfprotokoll pro Welpe dürfen nicht fehlen. Informieren Sie den Tierarzt über den erwarteten Geburtstermin, um sicherzugehen, dass er in der fraglichen Zeit zu Hause und zu einem Hausbesuch bereit ist. Am besten haben Sie auch die Adresse der nächstgelegenen Tierklinik mit Besetzung rund um die Uhr für alle Fälle zur Hand. Bitte denken Sie daran, ein Auto bzw. einen Fahrer zur Seite zu haben. Gibt es wirklich Probleme, bittet Sie der Arzt u.U., die Tiere lieber gleich in die Praxis zu bringen, um keine wertvolle Zeit zu versäumen, weil er vor Ort ohne seine Geräte nicht helfen kann. Wir hatten einmal eine Hündin mit Problemen, die zum Kaiserschnitt führten und konnten nur mit Mühe einen Arzt erreichen: An diesem Wochenende fand ein Tierärztekongress statt!!!

Bereiten Sie die Formulare für die Wurfprotokolle vor. Auszufüllen ist die Uhrzeit der Geburt, das Geburtsgewicht, irgendwelche Besonderheiten, bei Welpen mit deutlicher Fellzeichnung tragen Sie diese auf einer vorbereiteten Skizze ein, bei einfarbigen notieren Sie die Farben, falls alle Welpen gleich sind, legen Sie verschiedene farbige Wollfäden bereit, die locker ums Hälschen gebunden werden, um die Welpen unterscheiden zu können.

Sollte die Hündin die Wurfkiste völlig ablehnen, richten Sie mit Gummimatte und Vetbed das Wurflager halt dort ein, wo sie will, sie wird ihre Gründe dafür haben. Wir haben schon erlebt, dass eine Hündin die Wehen einstellte, wenn wir sie in die Kiste brachten und die Wehen sofort wieder einsetzte, sobald sie wieder bei uns auf dem Sofa liegen durfte. Spätestens wenn die Welpen da sind und in der Wurfkiste liegen, wird sie die Wurfkiste annehmen.

Laden Sie keine Besucher ein, die die Hündin nicht kennt. Ich wollte einmal einen Geburtsablauf fotografieren. Drei Tage lang saß die Hündin wurfbereit in ihrer Kiste und hielt die Geburt zurück, Minuten nachdem ich das Haus verlassen hatte, fing sie an! Später habe ich mich Wochen vorher mit der Hündin vertraut gemacht, und es gab keine Schwierigkeiten mehr. Manche Hündinnen sind auch sensibler als andere. Manche wollen ihre Bezugsperson dabei haben, manche lieber alleine sein. Sind ein paar Welpen geboren und alle wohlauf und entspannt, kann gerne ein vertrautes Familienmitglied vorbeischauen. Hunde aus der Meute sollte man zunächst fernhalten.

Ab dem 56. Tag der Trächtigkeit stellen Sie sich auf die Geburt ein und beginnen mit der täglichen Temperaturmessung.

Auf dem Tisch neben der Wurfkiste ist alles vorbereitet: Waage, Wiegeblatt, Stifte, Notfalltropfen usw.

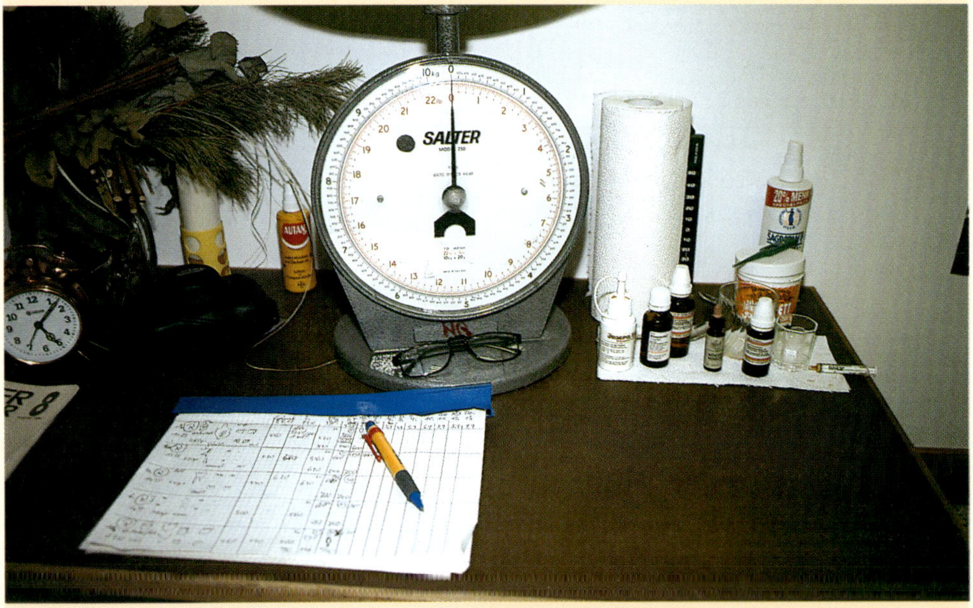

Die normale Temperatur beim Hund beträgt 38,5°C. Messen Sie 3 x täglich im After mit eingefettetem Thermometer und notieren Sie die Temperatur. Vom 60. Tag an messen Sie 4 bis 5 mal am Tag. Ungefähr 12 Stunden vor der Geburt sinkt die Temperatur um 1,5 bis 2 °C,, allerdings nur für eine kurze Zeit. Um diesen Zeitpunkt nicht zu verpassen, messen Sie in den letzten Tagen so alle 2 Stunden. Steigt die Temperatur wieder an, können Sie mit dem Beginn der Wehen rechnen. Bei langhaarigen Hündinnen empfiehlt es sich, das lange Haar an den Schenkeln, rund um die Scheide und an den Bauchseiten abzuschneiden. Es fiele später ohnehin aus. Bei extrem langhaarigen Hunden ist es schon vorgekommen, dass sich Welpen im langen Fell verfingen und erhängten. Reinigen Sie die Zitzen mit warmem Wasser.

Die Geburt

Die ersten Anzeichen sind für einen aufmerksamen Beobachter nicht zu übersehen: Die Hündin wird unruhig, scharrt in ihrer Kiste die Laken zu einem Nest zusammen, muss öfter die Blase entleeren und hechelt stark. Sie bekommt einen „in sich gekehrten“ Gesichtsausdruck, so als horche sie in sich hinein, sie scheint ihren Bauch zu beobachten und rührt in der Regel kein Futter mehr an (wir haben allerdings eine so verfressene Hündin, dass sie noch während der Geburt essen würde, wenn wir sie ließen). Bleiben Sie in der Nähe und dulden Sie keine Zuschauer. Die Hündin braucht Ruhe, will aber meist ihre Bezugsperson um sich haben. In jedem Fall ist die Anwesenheit des Besitzers notwendig, um die Hündin zu beruhigen oder aufzumuntern und im Notfall eingreifen zu können.

Die Scheide schwillt an wie zur Hitze, der Bauch senkt sich deutlich ab. Die Eröffnungswehen zeigen sich in leichten wellenartigen Bewegungen über den Leib. Die Hündin kann im Stehen, Sitzen oder Liegen werfen. Bitte überlassen Sie der Hündin die bequemste Position und zwingen sie nicht zum Liegen. Sie stemmt sich

Das erste Junge ist da. Die Hündin beißt die Fruchtblase auf. Wenn sie das nicht tut, müssen Sie eingreifen, sonst kann der Welpe im Fruchtwasser ertrinken. (Owczarek Podhalanski)

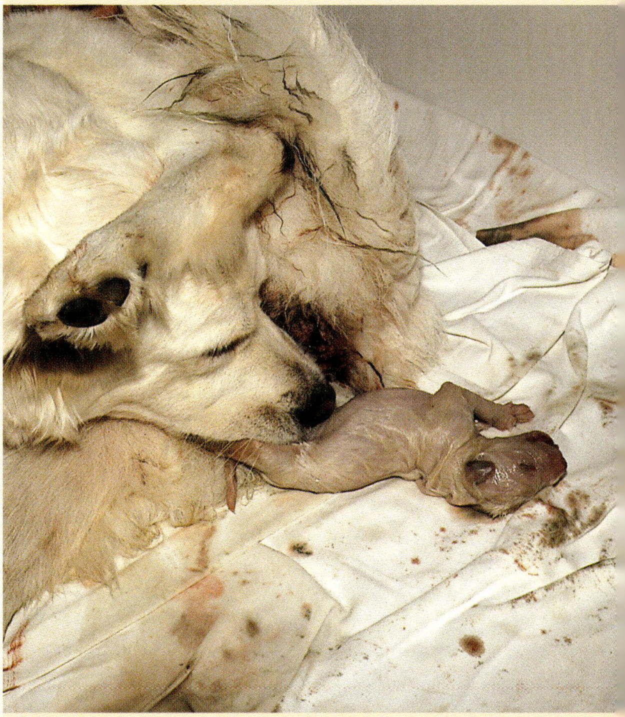

gegen die Kistenwand, macht den Buckel krumm und streckt die Rute in einem unnatürlichen Bogen ab.

Die Hündin presst nun deutlich. Mit einem Stöhnen presst sie den Welpen noch in seiner Fruchtblase heraus, an der Nabelschnur die Nachgeburt mit sich ziehend. Ein Schwall Fruchtwasser kann abgehen. Es spielt keine Rolle, ob der Welpe mit Kopf oder Steiß zuerst geboren wird. Die Hündin beißt die Fruchtblase auf, die sie mit der Nachgeburt hastig verschlingt. Nachgeburten enthalten wertvolle Stoffe, die u.a. das Einschießen der Milch fördern, hindern Sie sie deshalb nicht daran. (Bei einem großen Wurf allerdings könnten alle gefressenen Nachgeburten zu Durchfall führen.) Nun kaut die Hündin die Nabelschnur durch und wirft dabei den quiekenden Welpen unwirsch hin und her. Erschrecken Sie nicht, das muss so sein. Sie fördert dadurch Atmung und Durchblutung. Jetzt leckt sie den Welpen trocken, der sich womöglich schon auf den Weg zur Zitze macht und sich festsaugt. Es ist ein Ammenmärchen, dass Knickruten entstehen können, wenn der Welpe bei der Geburt auf den Kistenboden fällt.

Bis zum nächsten Welpen kann es wenige Minuten oder bis zu 2 Stunden dauern. Achten Sie darauf, dass nach jedem Welpen, besonders dem letzten, die Nachgeburt kommt. Bleibt sie zurück, kann das zum Tod der Mutter führen. Eine zurückgebliebene Nachgeburt muss der Tierarzt so schnell wie möglich zu Tage fördern. Tut sich trotz Presswehen nach zwei Stunden nichts, obwohl die Hündin offensichtlich noch Welpen hat, rufen Sie den Tierarzt.

Manche Hündinnen geraten bei ihrem ersten Welpen in Panik und wollen aus der Kiste springen. Beruhigen Sie sie, beim nächsten Welpen geht meist alles ganz normal weiter. Es kann auch sein, dass die Hündin mit dem Erstgeborenen nichts anzufangen weiß und ihn in der Fruchtblase liegen läßt. Dann reißen Sie die Fruchtblase an der Nasenspitze des Welpen auf, damit er nicht im Fruchtwasser ertrinkt, und rubbeln ihn nicht zu zaghaft mit einem Handtuch trocken, bis der erste kleine Schrei ertönt. Das ist fast immer das Signal für die Hündin, die jetzt den Welpen fordert und alles Weitere erledigt. Binden Sie sicherheitshalber mit Zahnseide etwa 1/2 bis 1 cm vor der Bauchdecke des Welpen die Nabelschnur fest ab und schneiden sie ca. 1 bis 2 cm dahinter ab. Dieses nicht abgebundene Stückchen Nabelschnur quetschen Sie mit dem Daumennagel gegen den Zeigefinger fest zusammen und streichen es aus.

Die Hündin versucht durch Hecheln ihre Körpertemperatur während der Geburt zu senken. Der Wurfraum sollte deshalb wohltemperiert um die 20 bis 22 °C sein, aber niemals überheizt werden. Zu trockene Luft wirkt sich ungünstig auf das Wohlbefinden der Welpen aus.

Eine Geburt kann sich über Stunden hinziehen, was Sie nicht beunruhigen sollte. Die Zeit zwischen den einzelnen Welpen kann schon mal 1 bis 2 Stunden dauern. Wenn die Hündin möchte, kann sie sich ruhig bewegen oder hinausgehen, um sich zu lösen. Behalten Sie sie in jedem Fall im Auge und ein Handtuch parat. Es wäre nicht der erste Welpe, der im Garten geboren wurde! Aber bitte zwingen Sie die Hündin nicht, sich zu bewegen, laufen gar treppauf, treppab mit ihr, um die Geburt zu beschleunigen! Leider wird dieser unsinnige Rat immer noch gegeben! Die Welpen reifen in zwei sogenannten Gebärmutterhörnern heran. Sind die Welpen aus dem einen in relativ kurzen Abständen geboren, kann eine längere Pause eintreten, bis die aus dem anderen ausgestoßen werden. Platzt die Fruchtblase schon im Geburtskanal und das Fruchtwasser tritt aus, sollte der Welpe unmittelbar folgen. Da er sich nicht mehr in der gut gleitenden Hülle befindet und sich evtl. mit den Beinchen sperrt, kann er steckenbleiben. Hier tut schnelle Hilfe Not. Ein erfahrener Züchter oder Zuchtwart kann oft helfen, ansonsten muss der Tierarzt ran.

Bei großen Würfen und längeren Geburten benötigt die Hündin vielleicht eine Wehenspritze, damit der Geburtsverlauf normal weitergeht.

Stellen Sie der Hündin immer wieder frisches Wasser mit etwas Traubenzucker oder auch eine kräftige, selbstgekochte, ungewürzte Fleischbrühe hin, damit sie ihren Durst löschen und Kraft tanken kann.

Zärtlich leckt die Mutter ihr Neugeborenes trocken. Die Nabelschnur beißt sie selber durch. Die Blutgefäße darin werden dabei so gequetscht, dass es zu keiner Blutung kommt.

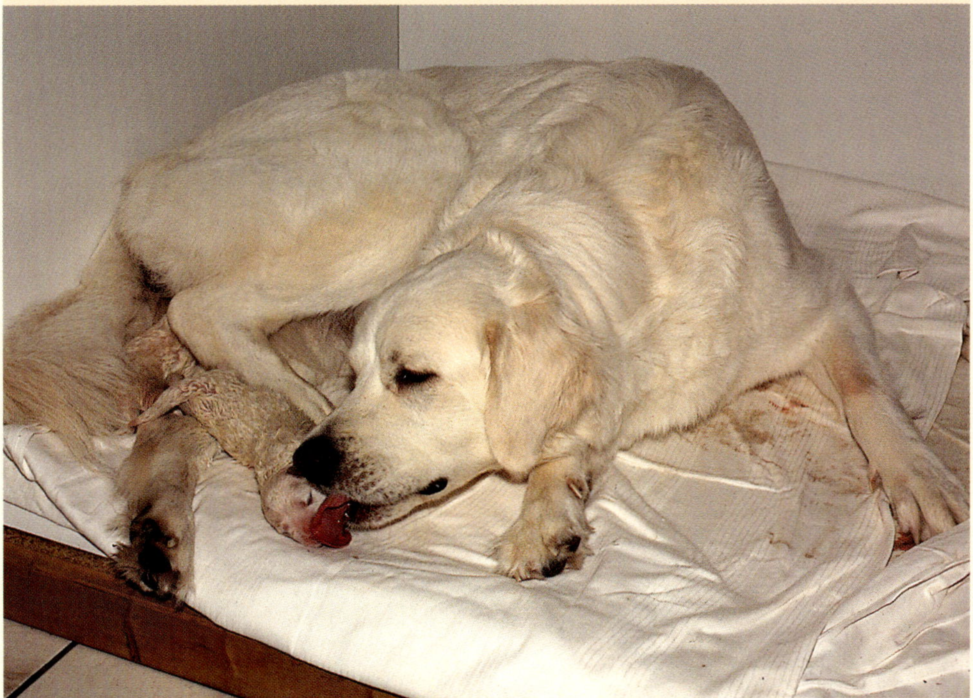

Wichtig ist auch, dass die Welpen sofort trinken. Instinktsicher robben sie in Richtung der Zitzen. Über die erste Milch in den Zitzen, die sog. Cholestralmilch, bekommen sie wertvolle Immunstoffe. Sie ist ganz besonders wichtig. Deshalb muss darauf geachtet werden, dass jeder Welpe seinen Teil davon abbekommt und nicht etwa manche nur Ersatzmilch bekommen.

Die Hündin muss die Welpen lecken, nicht nur, damit das Fellchen sauber und trocken wird, sondern um die Verdauung anzuregen, damit der Welpe den schwarzen Kot, das sog. Darmpech, ausscheidet. Außerdem regt das Lecken die weitere Geburt an.

Eine instinktsichere Hündin macht dies alles von selbst und Sie müssen normalerweise nicht eingreifen. Im Idealfall bleibt Ihnen nur, jeden Welpen zu kontrollieren, ob der Nabel gut geschlossen ist und nicht nachblutet, die Welpen zu wiegen, evtl. die Mutter abzuwaschen und die Laken in der Wurfkiste zu wechseln.

Bestehen irgendwelche Zweifel, ob noch Welpen im Mutterleib sind, lassen Sie den

Das erste Junge hat den Weg zu den Zitzen gefunden. Die Hündin ist erschöpft und ruht sich vor den nächsten Wehen etwas aus.

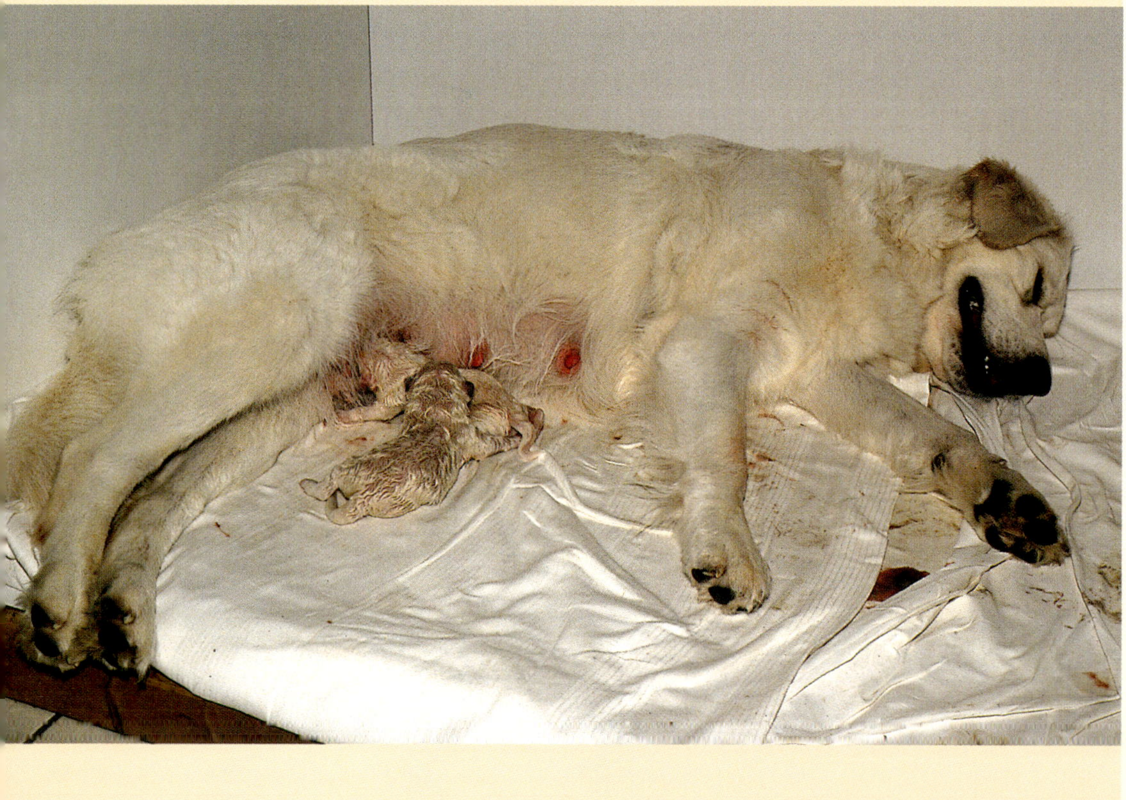

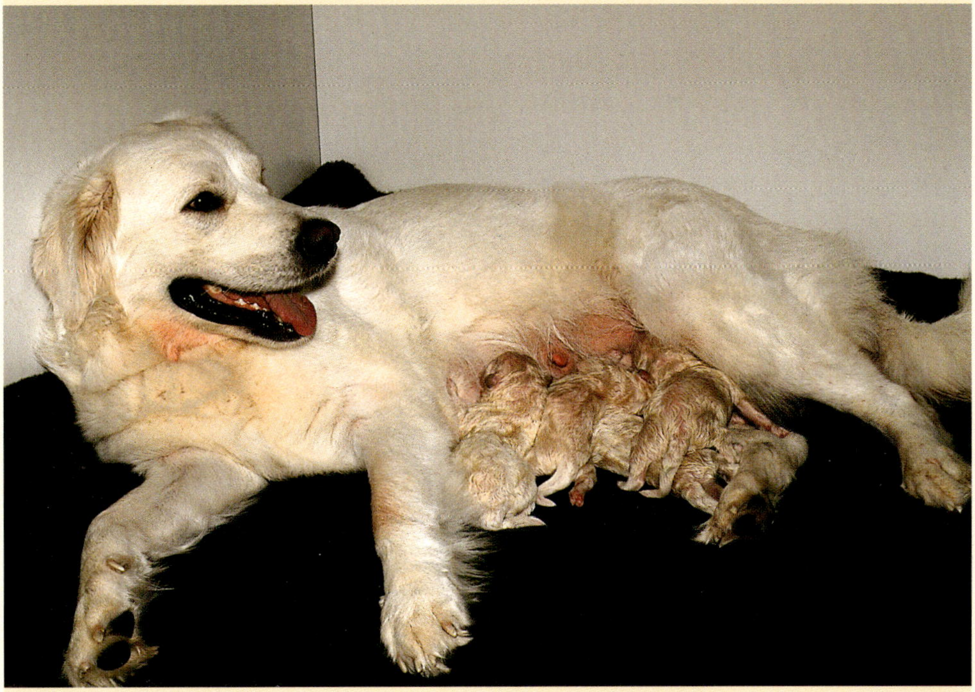

Es hat Stunden gedauert bis alle Welpen geboren waren, aber jetzt ist es geschafft.

Tierarzt zu einer Abschlussuntersuchung kommen. Im Notfall verschafft eine Röntgenaufnahme Klarheit. Zurückgebliebene Welpen oder Nachgeburten führen zu tödlichen Infektionen der Hündin.

Auf alle möglichen Komplikationen können wir hier nicht eingehen. Wenn 24 Stunden nach dem Temperaturabfall und -anstieg und nach offensichtlichen Vorwehen keine Eröffnungswehen folgen, rufen Sie den Tierarzt. Auch wenn sich nach dem 63. Tag nichts tut, suchen Sie seinen Rat. Es kann sein, dass ein Kaiserschnitt nötig wird.

Sobald die Welpen auf der Welt sind, erhalten sie ihren Namen. Viele Vereine verlangen, dass die Namen dem Alphabet folgen, d.h. alle Welpen des 1. Wurfes eines Züchters beginnen mit „A“, alle vom 2. Wurf mit „B“ usw.

Die Geburt der Welpen muss sofort dem Zuchtwart des Vereins gemeldet werden, der kommt und den Wurf „abnimmt“ = überprüft. Er füllt den Wurfabnahmeschein aus, in dem alle Anomalien notiert werden (Knickrute, Fehlfarbe, Hasenscharte), der Gesamtzustand des Wurfes, und auch eine Beurteilung zum Umfeld

Gleichfarbige Welpen werden mit lose um den Hals gelegten bunten Wollfäden gekennzeichnet. (Labrador)

(Mutterhündin, Züchter, Wurfraum) abgegeben wird. In manchen Vereinen kommt der Zuchtwart innerhalb von drei Tagen, in anderen erst in ein paar Wochen, wenn die Welpen alt genug sind zum Tätowieren. Die Nummer, die in die Ohren tätowiert wird, teilt die Zuchtbuchstelle zu. Es ist entweder die Zuchtbuchnummer, unter der die Welpen registriert sind, oder eine separate, aber ebenfalls registrierte Nummer. Auch der Besitzer des Deckrüden ist zu verständigen.

Gewichtstabelle für einen Owczarek Podhalanski

Angaben zu den Welpen							
Geschlecht:	Rüde	Hündin	Rüde	Rüde	Rüde	Hündin	Rüde
Wolfskrallen	-	-	-	-	-	-	x
Gaumen/Nase normal	x	x	x	x	x	x	x
Tag des Öffnens der Augen	14. Tag	15. Tag	15. Tag	14. Tag	15. Tag	14. Tag	15. Tag
1. Wurmkur nach Geburt 8.3.99	14. Tag	14. Tag	14. Tag	14. Tag	14. Tag	14. Tag	14. Tag
2. Wumkur nach Geburt 22.3.99	28. Tag	28. Tag	28. Tag	28. Tag	28. Tag	28. Tag	28. Tag
3. Wurmkur nach Geburt 5.4.99	42. Tag						
4. Wurmkur nach Geburt 14.4.99	52. Tag						
Zufütterung ab 12.3.99	18. Tag	18. Tag	18. Tag	18. Tag	18. Tag	18. Tag	18. Tag
Impfung am 16.4.99	shlp	shlp	shlp	shlp	shlp	shlp	shlp
Name	Henryk	Halina	Harnas	Hanjo	Halinka	Hajduk	Hajo
Täto. Nr.	99.343	99.344	99.342	99.341	99.345	99.336	99.340

Gewichtskontrollen							
	grün	ohne	grau	grün/weiß	rot	orange	ohne
Geburtsgewicht 22.2.99	490 g	410 g	530 g	480 g	400 g	410 g	410 g
23.02.99	500 g	470 g	550 g	500 g	420 g	420 g	420 g
24.02.99	590 g	500 g	610 g	550 g	460 g	480 g	440 g
25.02.99	650 g	600 g	700 g	600 g	530 g	530 g	500 g
26.02.99	740 g	650 g	800 g	670 g	570 g	580 g	520 g
27.02.99	820 g	740 g	840 g	740 g	670 g	680 g	600 g
28.02.99	870 g	810 g	970 g	820 g	740 g	740 g	650 g
01.03.99	960 g	900 g	1030 g	900 g	790 g	770 g	710 g
02.03.99	1010 g	950 g	1100 g	980 g	860 g	840 g	790 g
03.03.99	1040 g	1030 g	1130 g	1080 g	880 g	880 g	820 g
04.03.99	1180 g	1110 g	1210 g	1110 g	990 g	980 g	950 g
05.03.99	1240 g	1190 g	1250 g	1190 g	1030 g	1070 g	1000 g
06.03.99	1360 g	1250 g	1360 g	1300 g	1100 g	1130 g	1080 g
07.03.99	1430 g	1290 g	1400 g	1310 g	1170 g	1170 g	1150 g
08.03.99	1450 g	1340 g	1500 g	1450 g	1200 g	1250 g	1210 g
09.03.99	1500 g	1430 g	1590 g	1500 g	1300 g	1310 g	1270 g
10.03.99	1620 g	1530 g	1680 g	1620 g	1420 g	1470 g	1370 g
11.03.99	1730 g	1570 g	1730 g	1670 g	1430 g	1530 g	1390 g
12.03.99	1750 g	1650 g	1840 g	1710 g	1520 g	1570 g	1490 g
13.03.99	1830 g	1730 g	1960 g	1850 g	1640 g	1710 g	1600 g
14.03.99	1940 g	1880 g	2050 g	1980 g	1720 g	1820 g	1660 g
15.03.99	2070 g	2030 g	2220 g	2090 g	1880 g	1910 g	1840 g
16.03.99	2140 g	2050 g	2160 g	2150 g	1900 g	2020 g	1910 g
22.03.99	3150 g	3170 g	3550 g	3250 g	2850 g	3220 g	2880 g
29.03.99	4900 g	4380 g	4850 g	4600 g	4000 g	4500 g	4100 g
06.04.99	6300 g	5870 g	6300 g	6200 g	5200 g	6750 g	5820 g
13.04.99	7800 g	7250 g	8120 g	7650 g	6460 g	7420 g	7450 g
Gewicht Wurfabnahme: 17.04.99							
Datum Wurfabnahme: 17.04.99							

Unterschrift Züchter: ....

Unterschrift Zuchtwart: ....

Die junge Familie

Ist die Geburt abgeschlossen und Sie sind sicher, dass alle Welpen geboren sind, lassen Sie Ihre Hündin erst einmal mit ihren Welpen alleine und sich ausschlafen. Meistens werfen die Hündinnen nachts, und Sie können auch noch etwas schlafen. In den ersten zwei Tagen lassen Sie die Welpen zweimal innerhalb von 48 Stunden mit Baypamun impfen. Dieser Immunverstärker ist eine reine Vorsichtsmaßnahme und soll die körpereigene Abwehr unterstützen und hat nichts damit zu tun, lebensschwache Welpen aufzupäppeln. Messen Sie täglich die Temperatur der Hündin im After. Sie kann in den ersten drei bis vier Tagen nach der Geburt noch erhöht sein. Geben Sie dem Tierarzt unbedingt die Temperatur durch. Das homöopathische Mittel Pulsatilla sollte zur Regenerierung der Gebärmutter verabreicht werden. Zunächst hat die Hündin noch etwas Ausfluss, der aber niemals unangenehm riechen darf und sich nach wenigen Tagen zurückbildet. Andernfalls sofort den Tierarzt rufen, es könnte sich eine Gebärmutterentzündung dahinter verbergen, oder doch eine Nachgeburt oder ein Welpe nicht ausgetreten sein.

1.und 2. Woche – Neugeborenenphase

Bei der Geburt regelt das Gehirn eines Welpen lediglich Herzschlag, Atmung und Gleichgewichtssinn. Die Wärmeregulierung hat noch nicht eingesetzt. Der Welpe muss warmgehalten werden. Er benutzt jedoch seinen Kopf als Wärmefühler und Tastorgan und findet warme, weiche Stellen - die Zitzen der Mutter. Infrarot-Rezeptoren in der Hundenase lassen den blinden und tauben Welpen zur Mutter zurückfinden.

Hat der Welpe Körperkontakt, ist sein lebenswichtiges Ziel erreicht, und er beruhigt sich. Der Körperkontakt spielt für jeden Hund zeitlebens eine wesentliche Rolle. Berührung durch vertraute Personen entspannt den Hund ebenso wie diese, was

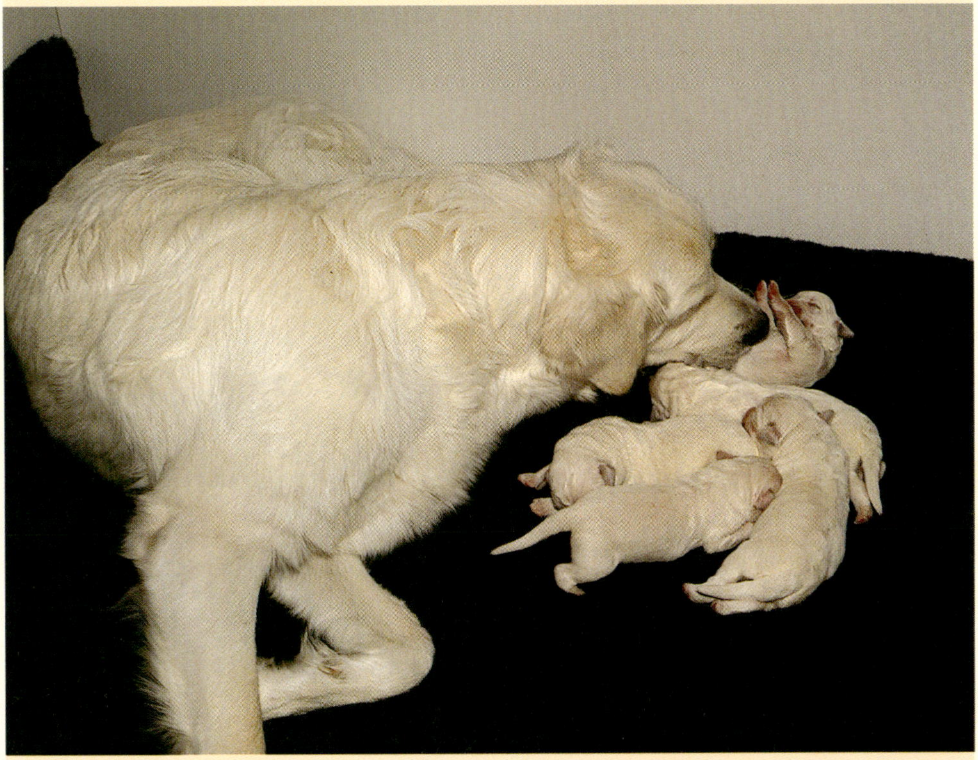

Die Welpen sind 3 Tage alt. Die Hündin weicht kaum von ihrer Seite, hält sie warm, massiert sie mit der Zunge und hält sie peinlich sauber.

Messungen von Herzschlag und Blutdruck beweisen. Berührung ist ein wirkungsvollerer Lohn als ein Leckerbissen.

Der Stoffwechsel wird durch das Lecken der Mutter angeregt. Nur dann kann sich der Welpe lösen. Deutlich zu erkennen ist die unterschiedliche Lebensenergie der Welpen: Die einen zunächst im Kreis pendelnden Welpen finden zielstrebig die Zitze, manche scheinen hilflos, wenn sie sich auch nur ein kurzes Stück von der Mutter entfernen. Geruchs- und Geschmackssinn sind entwickelt. Der Welpe soll in dieser Zeit nur saugen, schlafen und wachsen. Es kann vorkommen, dass die Muttermilch nicht in Ordnung ist. Sollten die Welpen unruhig sein, wimmern und jammern, überprüfen Sie das Gesäuge der Hündin und bringen eine Milchprobe zum Tierarzt. Eile ist geboten, und bis der Befund vom Tierarzt (innerhalb eines Tages) da ist, füttern Sie mit der Flasche zu.

Diese scheinbar so passive Phase ist für die künftige Entwicklung des Welpen zu

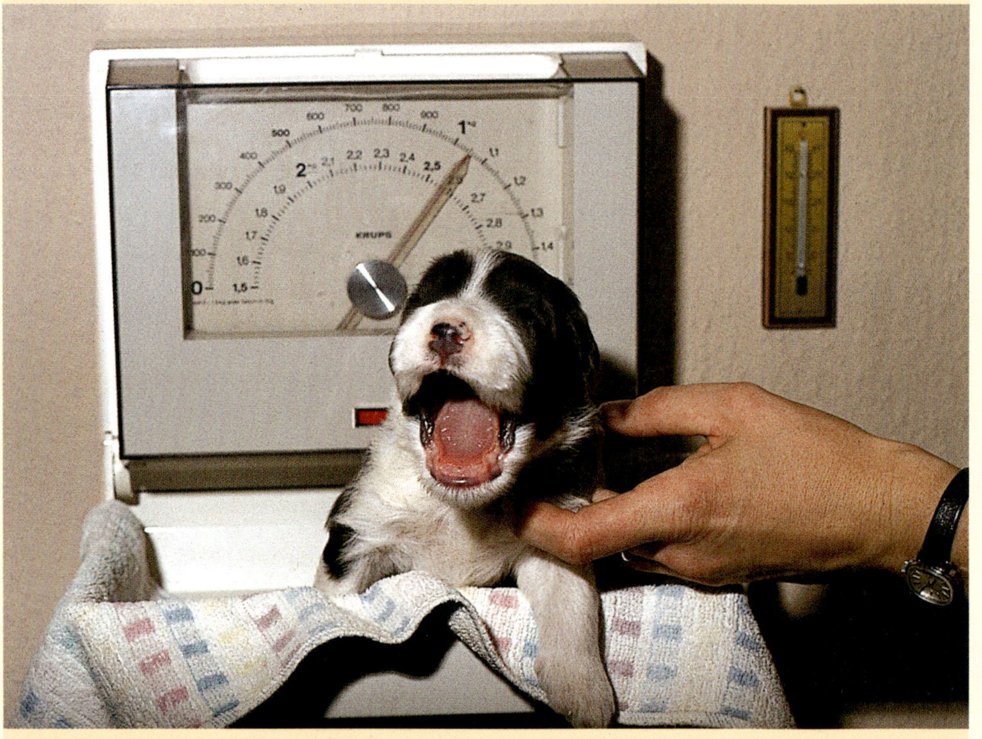

Jeden Tag kommen die Welpen auf die Waage. Sie müssen ständig zunehmen und innerhalb von acht Tagen ihr Geburtsgewicht verdoppeln. (Bearded Collie)

einem menschbezogenen Hund wichtiger, als bisher allgemein angenommen. Deshalb sollte der Züchter schon unmittelbar nach der Geburt den Welpen mit menschlichem Geruch und Berührungen vertraut machen.

Noch kümmert sich hauptsächlich die Hündin um ihre Welpen und entfernt sich nur ungern. Oft muss man sie drängen in den Garten zu gehen, um sich zu lösen. Sie ist vollauf damit beschäftigt, die Kleinen zu säugen und zu putzen und das Nest peinlich sauber zu halten. Nehmen Sie die Welpen täglich in die Hand, schmusen und sprechen Sie mit ihnen. Eine gute Gelegenheit dazu ist das tägliche Wiegen. Notieren Sie die Gewichte. Nach dem Geburtsgewicht kann am Anfang eine geringe Abnahme beobachtet werden, aber dann müssen die Welpen stetig zunehmen und binnen 8 Tagen das Geburtsgewicht verdoppeln.

Bleibt das Gewicht gleich oder nehmen sie gar ab, stimmt etwas nicht. Mögliche Gründe sind, dass die Hündin nicht genug Milch produziert oder etwas nicht mit den

Welpen stimmt. Es kommt vor, dass sich schwächliche Welpen ernsthaft bemühen zu saugen, aber nicht die Kraft haben, wirklich Milch abzuzapfen. Man glaubt, sie trinken, tun es aber nicht.

Bei großen Würfen und Zitzenknappheit dagegen kommt es vor, dass sich die Welpen irgendwo am Gesäuge festsaugen. Auch hier glaubt man, der Welpe trinkt, und der Hündin tut der „Knutschfleck" sehr weh.

Bei vielen Welpen und Zitzenknappheit, füttern Sie immer die stärksten Welpen zu, damit sie dick und satt die kleineren Geschwister saugen lassen. Legen Sie die kleinsten Welpen an die dicken hinteren Zitzen, die reichlich Milch haben, vorausgesetzt, dass sie die Zitze mit ihrem kleinen Mäulchen auch umfassen können.

Die Aufzucht einer großen Welpenzahl macht sehr viel Arbeit, weil man ständig sicherstellen muss, dass auch alle satt und zufrieden sind. Bitte machen Sie sich nur die Mühe mit wirklich vitalen Welpen, die zielstrebig zur Zitze wandern, die ordentlich mit dem Milchtritt die Zitze massieren. Bekommen sie ihren Anteil, wachsen sie schnell und ziehen mit den dickeren Geschwistern gleich. In der Praxis hat es sich gezeigt, dass gepäppelte, lebensschwache Welpen sehr wohl großgezogen werden können, aber oftmals tatsächlich organische Schäden haben, die sich u.U. erst später bemerkbar machen. Ebenso gibt es Welpen, die die Hündin unter keinen Umständen im Nest duldet. Obwohl der Welpe scheinbar in Ordnung ist, schubst sie ihn weg, fletscht vielleicht sogar die Zähne, eine sehr instinktsichere Hündin beißt ihn evtl. sogar tot. Beim Bull Terrier beobachtet man das häufiger, es handelt sich um einen ererbten Instinktausfall. Wir haben es aber schon bei sehr guten und liebevollen Müttern beobachtet. Es hat sich hinterher immer erwiesen, dass etwas mit dem Welpen nicht in Ordnung war.

Früher Kontakt zu Menschen ist wichtig. Das tägliche Wiegen ist eine gute Gelegenheit mit den Welpen zu sprechen und mit ihnen zu schmusen. (Collie)

Gesunde, satte Welpen fühlen sich stramm und fest an, sie dürfen nicht weich und schlaff sein.

Die Raumtemperatur sollte um die 20°C liegen. Sie merken sehr schnell, ob sich die Welpen wohl fühlen oder ob etwas nicht stimmt. Liegen sie entspannt und ruhig, auch dicht an- oder aufeinander im sog. „Haufenliegen", sind sie rundherum zufrieden. Quäken sie jedoch und sind sehr unruhig, kann es zu warm oder zu kalt sein. (Man erkennt sehr schnell den Unterschied zwischen dem zufriedenen Brummen und dem kränkelnden Quäken. Es genügt, dem erfahrenen Zuchtwart die Geräusche der Welpen am Telefon zu übermitteln, und er kann Ihnen genau sagen, was los ist!). Wichtig ist, dass die Welpen warm liegen. Ist es sehr kühl, kann man eine Rotlichtlampe über der Wurfkiste montieren, die aber so hoch hängen muss, dass man ihre Wärme gerade angenehm bei auf dem Kistenboden liegender Hand auf dem Handrücken spürt und die Hündin nicht belästigt wird. Liegen die Welpen von unten warm und trocken und die Mutter ist immer bei ihnen, braucht man keine zusätzliche Beheizung. Zu

Die Welpen sind 10 Tage alt. Ihr Leben besteht fast nur aus Trinken und Schlafen. (Owczarek Podhalanski)

Am 16. Tag sind die Augen offen. Die Welpen beginnen ihre Umgebung zu entdecken. (Owczarek Podhalanski)

warm sollte es im Raum auch nicht sein, weil das die Hündin stört. Sie legt sich zudem ungern unter die Wärmelampe. Außerdem brauchen die Welpen eine gewisse Luftfeuchtigkeit zum Gedeihen.

Beim täglichen Reinigen der Wurfkiste und Auswechseln des Vetbeds legen Sie die Welpen solange in die Wäschewanne, ganz unten eine warme, nicht zu heiße Wärmflasche, darauf ein Vetbed.

Für die Hündin muss immer frisches Wasser in Reichweite stehen, sie wird täglich mehrmals gefüttert, und zwar so viel sie fressen mag. Das Futter reichen Sie flüssiger als sonst. Das Futter muss sehr hochwertig sein, man kann Welpenmilch, Quark, Eier und Kalzium zufügen. Bekommt sie das, was sie an die Welpen weitergibt nicht durch ihr Futter, baut sie es aus dem eigenen Körper ab. Sie soll sich aber nicht vollkommen verausgaben, sondern so gut wie möglich unterstützt werden.

Akuter Kalziummangel kann sich bei der Hündin während der Säugephase in Krampfanfällen ausdrücken, der sog. Eklampsie. Sie bleibt dabei voll bei Bewusstsein. Rasch intravenös Kalzium gespritzt, ist die Hündin schnell und ohne bleibenden Schaden in Ordnung. Wichtig ist die tägliche Kontrolle der Zitzen. Alle sollten von den Welpen angenommen und abgesaugt werden. Finden Sie eine prall gefüllte, legen Sie einen Welpen an. Wenn eine solche Zitze hart wird, sofort die Milch abpumpen, denn sie befindet sich auf dem besten Wege zu einer schmerzhaften Brustdrüsenentzündung, was bedeutet, dass die Welpen mit der Flasche aufgezogen werden müssen! Die Hündin muss schnellstens mit Antibiotika behandelt werden, wovon die Welpen Durchfall bekommen, da ihre Darmflora von den Antibiotika zerstört wird. Hier hilft das Zufüttern des Lactobazillus bei den Welpen.

Es ist immer wieder faszinierend, welch rasante Entwicklung die Welpen gerade in den ersten beiden Wochen durchleben. Aus blinden und tauben Welpen werden kleine Hunde. Die Augen und Ohren öffnen sich ab dem 12.bis 15. Tag. Jeden Tag entdeckt man etwas Neues, da öffnen sich die Augen jeden Tag ein bisschen mehr, die Ohren werden langsam zu richtigen Ohren.

Um den 12. bis 14. Tag machen wir bereits die erste Wurmkur. Meistens stellen wir schon zu diesem Zeitpunkt fest, dass die Welpen nicht mehr so viel zunehmen wie vorher. Für uns immer ein Zeichen, dass die Wurmkur fällig wird. Wir wiederholen sie nach einer Woche, danach in zweiwöchigem Abstand. Wir verwenden Banminth Suspension, da sie genauer entsprechend dem Gewicht der Welpen zu dosieren ist. Wir ziehen sie auf eine Einwegspritze (ohne Nadel) und flößen sie dem Welpen langsam ein. So sind wir sicher, dass jeder Welpe die richtige Menge bekommen hat.

3.-4. Woche – Übergangsphase

Nun kann der Welpe Körpertemperatur und Stoffwechsel regeln. Er macht selbständig Bächlein und Häufchen. Die Entdeckung der Umwelt beginnt, er krabbelt durch die Wurfkiste, unternimmt erste Spielversuche mit den Geschwistern. Sehfähigkeit, Gehör und Geruchssinn entwickeln sich rapide. Jetzt soll man sich vermehrt mit den Welpen beschäftigen, sie streicheln, abtasten und mit ihnen sprechen. Mit dem Öffnen der Augen und Ohren entdecken die Welpen allmählich ihre Umgebung. Noch etwas unbeholfen beginnen sie zu krabbeln. Wir nehmen dann das vordere Brett der Welpenkiste weg. Sie können jetzt jeden Tag ihren Radius erweitern. Sie beginnen, der Mutter zu folgen. Damit beginnt der erste Schritt zur Sauberkeit. Wenn sie die Möglichkeit haben, verlassen die Welpen die Wurfkiste, um sich zu lösen. Den Auslauf direkt anschließend an die Wurfkiste noch im Wurfraum legen wir mit Einstreu wie Sägemehl oder Heu aus, Urin und Kot werden aufgesaugt, was das Sauberhalten sehr erleichtert. Viele Züchter legen Zeitungspapier aus. Wir mögen das nicht, da unsere weißen Welpen durch die Druckerschwärze sehr schnell schmutzig wirken. Die Einstreu erneuern wir je nach Welpenzahl alle 2 bis 4 Tage.

Der Hündin sollte die Möglichkeit gegeben sein, die Welpen nach Wunsch zu verlassen, denn mit ihren nadelspitzen Milchzähnchen, die jetzt durchbrechen, können sie ihr schon ganz schön wehtun. Geben

Vier Wochen alte Welpen im Spiel. Hier werden schon erste Rangordnungen geklärt. (Owczarek Podhalanski)

Sie ihr eine Abtrennung, die sie überspringen kann oder ein Podest, auf dem sie die Welpen nicht erreichen können.

Mit Beginn der 3. Woche beginnen wir zuzufüttern. Wir bieten zum Abend eine winzige Menge erstklassiges, mageres, fein gehacktes, handwarmes, rohes Rindfleisch in winzige Bällchen geformt, an. Zuerst können die Welpen nichts damit anfangen, doch dann beginnen plötzlich die kleinen Näschen zu zittern, und happ, futtern sie das Fleisch weg. Anschließend bekommen sie wieder Muttermilch.

Ab der 4. Woche füttern wir schon 3 bis 4 Mahlzeiten dazu. Wir zerkleinern Welpenflocken in einem Hacker, fügen Haferflocken hinzu, rühren das Ganze mit warmem Wasser zu einem Brei an, den wir in einer oder zwei 4 cm hohen Schüsseln handwarm anreichen. Auch aus der Schüssel zu fressen, müssen die Welpen lernen. Zuerst laufen sie durch, sind von oben bis unten breiverschmiert und lecken sich gegenseitig sauber. Nun löst sich die Hündin langsam von den Welpen, sie begleitet uns wieder auf kurzen Spaziergängen oder will einfach mal wieder bei uns sein. Die Welpen beginnen zu spielen, eine Papprolle von Küchenhandtüchern macht genauso viel Spaß, wie ein kleiner Schnurknoten aus dem Hundefachgeschäft.

Die Hündin leckt kaum noch Kot und Urin auf. Wir müssen nun die Wurfkiste und das Umfeld peinlich sauber halten und die Häufchen rasch mit Küchenpapier wegräumen.

Jetzt beginnen die Welpen auch, die Welt außerhalb der Kiste zu erkunden. Sie brauchen nun zur Entwicklung ihrer Sinne neue Eindrücke. Aber die sollten sie selbst erarbeiten. D.h. man muss ihnen die Möglichkeit geben, Erfahrungen zu sammeln, sie aber nicht drängen. Können die Welpen Erfahrungen nicht richtig verarbeiten, können sie ein Leben lang darunter leiden. Also bitte nicht vor lauter Sozialisierungspanik allen möglichen Heckmeck mit den Welpen anstellen. Die normale Welt des Familienhaushaltes bietet genug Eindrücke. Da klappen Türen, scheppern Blechschüsseln beim Reinigen (nicht vor den Welpen auf den Steinfußboden knallen lassen!), werden Rolläden bewegt, Besucher kommen u.v.a. mehr. Sobald die Welpen etwas sicherer auf den Beinchen sind und anfangen miteinander zu spielen, können sie an kühlen bis warmen Tagen auch ins Freie. Aber bitte nur solange sie sich wirklich bewegen, zum Schlafen kommen sie wieder rein. Wichtig ist, dass sie trocken sind, d.h. nicht morgens in nasses Gras lassen, abends rechtzeitig hereinholen, nicht im Regen draußen lassen. Wie viel die Welpen vertragen, hängt natürlich auch wieder von der Rasse und der Fellbeschaffenheit ab.

4. bis 7. Woche – Prägungsphase

Dies sind zweifellos die aufregendsten und wichtigsten Wochen im Leben eines Hundes. Die Sinnesleistungen sind weitgehend entwickelt. Der Hund lernt Umgang mit Artgenossen, soziale Verhaltensweisen, und er erkundet zunehmend seine Umwelt. Die Welpen üben fortwährend hündische Verhaltensweisen, sie zeigen Ansätze von Sexualverhalten, sie unterwerfen einander, gehen auf die Jagd, verteidigen Futter und Platz, apportieren Knochen und Spielsachen. Die Rollen wechseln ständig, doch der erfahrene Züchter erkennt durch intensive Beobachtung, welcher Welpe im Wurf der dominante ist, welcher der klügste, welcher der geschickteste usw.

Die Welpen erhalten jetzt 4 Mahlzeiten am Tag. Entsprechendes Futter erhält man im Fachhandel, was und wie viel man füttert, hängt von der Rasse ab. Hier sollte man sich mit erfahrenen Züchtern austauschen. Morgens um 7 Uhr, um 12 Uhr, 17 Uhr und 22 Uhr. Das Futter wird nicht mehr zerkleinert, sondern nach Gebrauchsanweisung des Herstellers zubereitet, wobei wir morgens dem Futter Quark, Ei oder Joghurt zusetzen, mittags etwas fein im Mixer püriertes rohes Gemüse und abends je Welpe ein kleines Fleischbällchen hinzugeben. Zwischendurch kann man als Leckerchen auch kleine Hundekuchen geben. Alles natürlich in Maßen, denn wir wollen die Welpen nicht mästen. Sie sollen satt sein, aber nicht zu fett und zu jeder Mahlzeit richtig hungrig.

Wie wichtig frische Luft und Sonne für das Wachstum und die Vitaminentwicklung im Körper ist, die wiederum die Widerstandskraft gegen Krankheiten stärkt, haben wir mehrfach erwähnt. Der Aufenthalt im Freien bietet den Welpen aber auch die große Chance, Geruchssinn, Augen und Ohren, vor allem aber auch Tastsinn und Geschmack zu erfahren und zu entwickeln. Da gibt es den Rasen, die Beete mit Erde, die Terrasse mit Steinplatten, den Gitterfußabtreter und vieles andere mehr. Mit zunehmendem Alter kann man sich so allerlei einfallen lassen, glatte Flächen (leere Plastiksandkästen), wehende Tücher, platzende Luftballons usw. Aber bitte auch hier die Welpen nicht drängen und heranführen, sondern aus eigenem Antrieb erfahren und erkunden lassen! Ein Regenguss oder Schnee gehören zu den Erfahrungen. Können die Welpen aus freien Stücken ins Haus zurück, suchen sie zum Schlafen selbst den Weg ins Trockene.

Welpen, die so die Chance hatten, ihre Sinne zu trainieren und bei denen im

5 Wochen alte Labradorwelpen bei ihrer ersten Gartenerkundung. Was für ein spannender und interessanter Kindergarten! (Labrador)

Gibt es im Garten giftige Pflanzen, kommen sie zum Schutz der Welpen hinter einen Zaun. (Dandie Dinmont Terrier)

Gehirn die entsprechenden Nervenbahnen ausgebildet wurden, sind später nachweisbar Stresssituationen sehr viel besser gewachsen, d.h. können Stress besser abbauen. Sie werden sich natürlich vor Unbekanntem erschrecken, auch einmal Angst haben, aber wiederholt sich das Geschehen, gewöhnt sich der Welpe rasch. Einmal hat der Züchter die Pflicht, nur Elterntiere mit guten Nerven zur Zucht heranzuziehen, um die erbliche Komponente abzudecken, zweitens sollte er starke Inzucht vermeiden, die die sog. Fitness mindert, drittens muss er die Entwicklung des Welpen von Geburt an so gestalten, dass der Hund in unserer modernen Umwelt zurechtkommt. Angst ist ein schreckliches Gefühl und löst im Körper viele chemische Reaktionen aus, die letztlich die Gesundheit beeinträchtigen.

Um all den Anforderungen gerecht zu werden, muss die kleine Familie so praktisch wie möglich organisiert werden. Deshalb ist ein direkter Ausgang nach draußen ideal. Der Garten sollte entsprechend bedacht werden. Selbstverständlich hat er seit Jahren keinerlei giftige Chemikalien kennengelernt, darf kein Unkraut- oder Ungeziefervernichtungsmittel, Schneckenkorn oder Düngemittel jeglicher Art bekommen haben, wovon die Welpen Reste finden und fressen könnten. Natürliche Erde ist gesund, Welpen fressen ständig Erde und versorgen sich auf natürliche Weise mit Mineralien. Prüfen Sie die Sträucher und Blumen auf ihre Giftigkeit hin. Trennen Sie mit feinmaschigem Kaninchendraht kritische Bereiche einfach ab, z.B. den Gartenteich, in den ein Welpe fallen und nicht mehr heraus kommen könnte. Oder auch die Kellertreppe. Überlegen Sie einfach, wovor Sie ein Krabbelkind schützen wollten, dann liegen Sie mit Welpen gar nicht so verkehrt. Selbstverständlich darf kein Schlupfloch im Zaun sein, aus dem ein Welpe entwischen könnte.

In dieser Zeit muss sich der Züchter und seine Familie (Besucher jeden Alters sind willkommene „Hilfskräfte") viel mit den Welpen beschäftigen. Vorsicht mit Kindern! Ungestüme und ungeschickte Kinder können die Welpen erschrecken, ihren auf die Pfoten treten, ihnen wehtun. Schlechte Erfahrungen mit Kindern sollte man unbedingt vermeiden. Lassen Sie

Auch den Gartenteich sollte man „kindersicher" machen. (Parson Jack Russell Terrier)

Kinder und Welpen nie aus den Augen und schärfen Sie Kindern unbedingt ein, keinen Welpen auf den Arm zu nehmen! In Armen, die nicht daran gewöhnt sind, quirlige Welpen zu halten, gleiten sie durch wie nasse Seife. Es ist tatsächlich schon öfter vorgekommen, dass Welpen aus einem Meter Höhe auf Steinboden geknallt sind und sich schwere, sogar tödliche Verletzungen zugezogen haben!

Wenn die Welpen 5 Wochen alt sind und so richtig zu spielen beginnen, gleicht der Welpengarten einem Chaos, da liegen Eimer herum, ein Kinderspieltunnel leistet gute Dienste, Hundespielzeug, alte Handtücher, Lebensmittelkartons, Klopapierröllchen, ein alter Schuh ohne Schnallen und Zierrat, usw. dienen den Welpen als Spielzeug bzw. Beuteersatz, mit dem sie ihre Rangordnung täglich aufs Neue ausfechten, sich in Hundeverhalten und Körperbeherrschung üben. Bitte auch hier ein wenig Menschenverstand einsetzen, nichts geben, das sie zerkauen und verschlucken könnten, z.B. Glasaugen von Teddybären, Plastikteile, zu kleine Bälle, Murmeln usw. Überhaupt sollte man sich die Zeit nehmen, die Spielzeit mit den Welpen zusammen zu verbringen. Die

Wollen Kinder einen Welpen auf den Arm nehmen, setzen sie sich dazu am besten auf den Boden, dann kann der Welpe auch nicht fallen. (Akbas-Welpe)

Jeder Welpe wird von den erwachsenen Rudelmitgliedern genau beschnuppert und untersucht - und hält geduldig still. (Owczarek Podhalanski)

Spielphasen sind kurz, von einer Sekunde auf die andere liegt die kleine Meute dann wie erschlagen im Tiefschlaf.

Ab der 6. Woche beginnen Sie mit der Entwöhnung und halten die Hündin öfter von den Welpen fern, was sie in der Regel gerne annimmt. Nachdem sie gewöhnt war, zu jeder Welpenmahlzeit auch gefüttert zu werden, werden ihre Futterrationen jetzt stark reduziert, damit stellt sich die Milchproduktion ein, und die Zitzen bilden sich langsam zurück. Manche Hündinnen fangen von alleine an, die Welpen beim Säugen abzubeißen und lassen sie nur noch selten ran, was man nur zu gut versteht, wenn man das von nadelscharfen Zähnen und Krallen zerkratzte Gesäuge sieht. Andere Hundemütter muss man dazu zwingen, sich von ihrem Nachwuchs zu lösen.

Hat Ihre Hündin die Angewohnheit, den Welpen Nahrung vorzuwürgen, ist das die natürliche Art der Entwöhnung und nicht ekelhaft. Füttern Sie der Hündin so viel sie frisst, damit sie selbst genug Nahrung bekommt. Die Welpen lernen jetzt die anderen im Haus lebenden Tiere und Hunde kennen. Wir lassen jeden erwachsenen Hund einzeln nacheinander zu den Welpen und passen auf, dass kein Stress aufkommt, wenn es einer alten Hündin zu viel wird und sie vielleicht die Welpen anbrummt. Dabei passiert normalerweise nichts, denn die Welpen müssen lernen, wann und mit wem sie spielen dürfen. Unserer Erfahrung nach sind es immer die Junghunde, Rüde oder Hündin, die am geduldigsten mit den Welpen spielen und toben und ihnen beibringen, was sie dürfen oder nicht.

IMPFEN

Es gibt die unterschiedlichsten Ansichten und Erfahrungen. Sprechen Sie mit Ihrem Zuchtwart, da es auch in den Rassen unterschiedliche Gepflogenheiten geben kann und stimmen sich mit Ihrem Tierarzt ab. Manche beginnen schon mit der 6. Woche gegen Parvo zu impfen. Unsere Welpen werden das erste Mal mit 8 Wochen gegen Staupe, Hepatitis, Leptospirose und Parvo (SHLP) geimpft. Mit 12 Wochen erhalten sie die nächste SHLP sowie die Tollwutimpfung. Nun haben wir eine große Rasse und bisher keine Probleme.

In der Regel bringt man die Welpen zum Tierarzt und verschafft ihnen so den ersten Kontakt mit dem Auto. Da wir auf das Transportmittel Auto heute nicht mehr verzichten können ist es wichtig, dass Hunde gerne und problemlos Auto fahren. Ein Hund der ständig sabbert und erbricht, ist eine große Belastung. Deshalb müssen die ersten Fahrten so angenehm wie möglich verlaufen. Achten Sie deshalb darauf, dass die Welpen nicht mit vollem Magen transportiert werden, am besten kurz vor der nächsten Mahlzeit. In einer Hundetransportbox oder einem Hundekäfig sind sie sicher untergebracht, so dass sie nicht im Auto herumpurzeln. Fahren Sie ruhig und sanft. Die erste Fahrt mit der kleinen Meute wird nicht ohne Malheurchen abgehen, deshalb reichlich Küchenrollen und feuchte Handtücher zum Saubermachen mitnehmen.

Je nach Zuchtvereinsreglement kommt der Zuchtwart jetzt zum ersten- oder bereits zum zweitenmal und tätowiert die Welpen. Das kann auch der Tierarzt vornehmen. Leider ist man in Deutschland noch nicht offiziell zur Kennzeichnung durch Mikrochip übergegangen. Wir lassen unsere Welpen zusätzlich zur Tätowierung mit Chip kennzeichnen. Der Zuchtwart überprüft die Impfungen sowie die Gesundheit und den Ernährungszustand der Welpen und Mutter, stellt evtl. körperliche Mängel fest und reicht die Daten an die Zuchtbuchstelle ein, die daraufhin die Welpen ins Zuchtbuch einträgt. Der Auszug aus diesem Zuchtbuch, den der Welpenkäufer bekommt, nennt sich Ahnentafel und weist in der Regel 3-4 Generationen der Vorfahren sowie weitere Einzelheiten zum Wurf aus.

8. bis 12. Woche – Sozialisierungsphase

Dies ist die ideale Zeit, den Welpen seiner neuen Familie zu übergeben. Er frisst selbständig, hat die Impfungen erhalten und ist fertig für die neue große weite Welt. Vom Sozialverhalten her ist der Welpe angelegt zu lernen, sich einzufügen und seinen Platz im Rudel allmählich einzunehmen. Sein Rudel wird durch die neue Familie ersetzt. Die Umstellung fällt ihm jetzt am leichtesten. Je länger er beim Züchter verbleibt, desto schwieriger wird die Umstellung vom Hund in der Hundemeute zum Hund in der Mensch-Hund-Gemeinschaft. Wurde der Welpe beim Züchter gut auf den Menschen geprägt, so wie wir es beschrieben haben, braucht man sich allerdings keine Sorgen zu machen, wenn er etwas länger bleiben muss, weil evtl. die neuen Besitzer ihren Urlaub beenden. Im Gegenteil, er lernt schon mal an der Leine zu gehen, wo er sich lösen darf, wird u.U. schon beinahe stubenrein.

Wir versuchen schon, es dem künftigen Besitzer etwas leichter zu machen und legen, wie bereits beschrieben, im Welpenraum vor die Wurfkiste den Boden mit einem Gummibelag aus, darauf Sägemehl, das den Urin gut aufsaugt, und darüber etwas Heu. Das Heu riecht gut, und die kleinen Häufchen lassen sich gut aufsammeln. Mit zunehmendem Alter wird die Sägemehl-Heu-Mischung auf immer kleinere Flächen reduziert und schließlich nach draußen verlagert. Da unsere Welpen immer einen direkten Ausgang nach draußen haben, auch nachts, lernen sie schnell, wo sie ihr Geschäft verrichten sollen. Nach jedem Fressen und Schlafen werden sie nach draußen gelockt und selbstverständlich gelobt. Natürlich vergessen sie sich hin und wieder und lassen

Der Fantasie eines Züchters sind beim „Alltagstraining" für Welpen keine Grenzen gesetzt. (Dalmatiner)

beim Spielen ein Bächlein laufen, aber der Grundstock zur Sauberkeit wird gelegt. Für Sie als Züchter ist es auch angenehmer, wenn Sie morgens einen relativ sauberen Welpenraum vorfinden und die Welpen nicht erst saubermachen müssen, weil sie sich in Kot und Urin gewälzt haben. Unsere Welpen haben durch eine Schwingtür jederzeit direkten Zugang zum Außenzwinger. Obwohl sie einer großen Hirtenhundrasse mit dichtem Fell angehören, wissen sie instinktiv, dass es für sie besser ist, trocken und warm zu liegen. Sie kommen bei Regen und Kälte immer wieder herein in die warme Welpenstube.

Futterplan für die Hündin und ihre Welpen

Futterplan für die säugende Hündin

(am Beispiel polnischer Hirtenhunde)

Lassen Sie sich vom Zuchtwart oder erfahrenen Züchter Ihrer Rasse beraten! Insbesondere Großrassen müssen sorgfältigst ernährt werden, um zu schnelles Wachstum mit späteren Knochenproblemen wie z.B. HD zu vermeiden)

In den ersten 2 Wochen erhält sie drei bis vier Mahlzeiten pro Tag.

Morgens:

das gewohnte Futter, jedoch ziemlich dünnflüssig angereichert mit Quark, Joghurt und 2-3 gekochten Eiern oder rohem Eigelb und etwas zusätzlichem Kalzium (Kalziumkarbonat aus der Apotheke)

Mittags:

rohes, im Mixer püriertes Gemüse mit Quark oder Joghurt und Haferflocken

Zwischenmahlzeit:

das gewohnte Futter

Abends:

das gewohnte Futter mit qualitativ gutem Fleisch angereichert

Die Menge richtet sich je nach Größe der Rasse sowie nach Größe des Wurfes.

Faustregel: Kleine Würfe ca. 1,5-fache der normalen Futterration, große Würfe ca. 3-fache der normalen Futterration.

Sind die Welpen 4 bis 5 Wochen alt, erhält sie nur noch 3 Mahlzeiten pro Tag plus das, was die Welpen nicht aufgefres-

Ab der dritten Woche brauchen die Welpen mehr als Muttermilch. Jetzt wird zugefüttert. (Owczarek Podhalanski)

sen haben. Ab der 6. Woche bekommt sie nur noch 2 Mahlzeiten am Tag, um sie langsam zu entwöhnen.

Futterplan für die Welpen

(am Beispiel polnischer Hirtenhunde)

Ab der 4.-5. Woche füttert man täglich dreimal zu.

Morgens:

Welpenbrei (Matzingerflocken, zerkleinert im Mixer, oder ein anderes Trockenfutter oder Welpenfertigfutter in warmem Wasser aufgeweicht) angerührt mit etwas Milch (rohe Kuhmilch direkt vom Bauern oder besser noch Schafs- oder Ziegenmilch aus dem Bioladen), dem Honig (fest, nicht erhitzt), Ei (gekocht oder roh nur Eigelb), Quark oder Joghurt, dem 1-2 mal pro Woche ein Teelöffel Kalziumkarbonat hinzugefügt wird.

Mittags:

eingeweichte Flocken (normale Haferflocken oder Matzinger Welpenflocken), im Mixer püriert: rohes Gemüse (alles außer Kohl), Salat, im Sommer Löwenzahnblätter, Möhren oder Äpfel.

Abends:

Portion reines mageres Rindfleisch (Tartarqualität), etwas Welpenbrei, dem man einen Teelöffel Sonnenblumenöl oder Olivenöl (kaltgepresste erste Pressung - extra Virgine) und im Winter etwas Lebertran (Achtung, auf Haltbarkeitsdatum und kühle, dunkle Lagerung achten! Nur in kleinen Mengen kaufen, da schnell ranzig!) hinzufügen kann.

6.-8. Woche:

Es kommt eine Zwischenmahlzeit (das übliche Fertigfutter) hinzu. Das Welpenfutter wird jetzt nicht mehr mit Milch angereichert, da in diesem Alter die Milch aufgrund ihres Milchzuckergehaltes nicht mehr vertragen wird und zu Durchfällen führen kann.

Für die tägliche Fleischmahlzeit jetzt kein Tartar mehr, sondern aus dem Hundefachgeschäft tiefgefrorenes Kopffleisch, Pansen, auch kleine Mengen Innereien, alles kurz in der Mikrowelle überbrüht, nicht gekocht, oder Pferde-, Schaf- oder Rindfleisch, möglichst von einem ortsansässigen Metzger mit nachweisbar einwandfreiem Fleisch oder direkt vom Bauern. Vielfalt ist wichtig!

Die erste Fleischmahlzeit bekommen die Welpen aus der Hand gefüttert. Was dem einen schmeckt, wollen die anderen auch. (Owczarek Podhalanski)

Die im Fachhandel üblichen Trockenvollnahrungen (bitte nicht das billigste Produkt aus dem Supermarkt) sind ausreichend für eine gute Versorgung an Spurenelementen und Mineralien, deshalb sollten Sie nur natürliche Produkte hinzufüttern. Etwaige Futterergänzungsmittel sollten möglichst nicht zusätzlich gefüttert werden, denn ein Mehr führt zu unausgewogenen Mengen an Vitaminen und Mineralstoffen und kann mehr schaden als nützen. Überdosierungen führen oft zu ähnlichen Krankheitsbildern (z.B. Skelettdeformationen) wie Versorgungsmangel.

Alle Mahlzeiten bitte handwarm füttern!

Auch wenn man lieber das Futter selbst zubereitet, sollte man den Hund an ein gutes Trockenfutter gewöhnen, da es auf Reisen und in Engpässen sehr praktisch ist und dann auch gerne gefressen werden muss.

Wer Futter selbst zubereiten möchte, muss sich mit den Grundsätzen einer natürlichen Hundeernährung befassen. Eine große Vielfalt an rohen Nahrungsmitteln, einschließlich Knochen, ist geboten, um alle wichtigen Nährstoffe zu garantieren. Gekochte Essensreste und selbstgekochtes Futter, Betonung liegt auf Kochen, ist keine artgerechte Hundeernährung.

Gewöhnen Sie die Welpen in jedem Fall schon an ein gutes Fertigfutter, damit sie es kennen und gut vertragen.

Zur perfekten Sozialisierung gehört auch das gute Sofa im Wohnzimmer. (Akbas-Welpen)

Wichtig ist, dass die Welpen einen gesunden Grundstock von natürlichen und rohen Nahrungsmitteln beim Züchter bekommen.

Es muss dann den neuen Besitzern überlassen werden, inwieweit sie sich in die Hundeernährung vertiefen wollen.

Denken Sie bitte daran, Ihren persönlichen Futterplan so simpel wie möglich zu halten. Komplizierte Futterpläne, wie sie von Züchtern gerne als Alibifunktion mitgegeben werden, werden erfahrungsgemäß nur kurze Zeit eingehalten, und dann fängt der neue Besitzer an auf gut Glück zu füttern, was unter allen Umständen vermieden werden muss. Bei großen Rassen besteht die Gefahr der Überfütterung, die das Wachstum beschleunigt und zu Knochenerkrankungen führt.

Frisches Wasser muss immer in ausreichender Menge zur Verfügung stehen.

Abgabe der Welpen

Hat man sich 8 Wochen lang rund um die Uhr um seine Welpen gekümmert, sehnt man sich nach der Alltagsruhe zurück. Man spürt, dass einem die kleine Meute über den Kopf wächst, wenn sie lautstark Futter fordert, keine Minute Aufschub duldet, und wenn sie alles, was nicht niet- und nagelfest ist, in ihr Spielprogramm einbezieht. Die Mama runzelt gelegentlich die Stirn und schaut uns an, als wollte sie fragen: Wann ist das endlich vorbei???!!! Da freut man sich über einen geduldigen Altrüden oder Hundetanten, die sich gerne und ausgiebig mit den Welpen beschäftigen und ihm Hundeverhalten ebenso beibringen wie die Tabus in der Menschenfamilie. Mit einem lachenden und einem weinenden Auge sieht man dem Abschied entgegen. Die Trennung fällt schwer, jeder einzelne Welpe ist uns ans Herz gewachsen. Was wird ihn in seinem Leben erwarten? Wird er all die Liebe und Zuneigung, gute Pflege, Ernährung und Erziehung bekommen, die man ihm garantieren möchte? Deshalb geben wir uns sehr viel Mühe die richtigen Leute für unsere Lieben zu finden. Ein Kapitel für sich!

Wie wir schon sagten, es ist am besten, man plant einen Wurf überhaupt erst, wenn feste Interessenten vorhanden sind, aber als Anfänger sind Sie noch vollkommen unbekannt, niemand kommt von sich aus auf Sie zu und bestellt einen Welpen. Sie müssen sich also bemühen, dass Interessent und Welpe zusammenfinden. Verlassen Sie sich nicht allein auf die Welpenvermittlungsstelle des Vereins, falls Ihre Rasse nicht zu denjenigen mit langen Wartelisten gehört. Sollten Sie eine Moderasse züchten, genügt vielleicht sogar eine

Auch bei fast acht Wochen alten Welpen sind Mutters Zitzen immer noch begehrt – die Hündin ist nicht mehr so begeistert dabei. (Dalmatiner)

Kleinanzeige im örtlichen Tageblatt, und schon steht das Telefon nicht mehr still.

Das ist auch ganz gut so, denn Sie wollen unter den Interessenten ja nette Leute herausfiltern, die Ihrer Welpen würdig sind. Je nachdem, ob Sie eine etwas schwierigere Rasse haben, müssen Sie besonders sorgfältig vorgehen, umso intensiver muss Ihre Vorabwerbung sein. Aushänge im örtlichen Hundesportverein, am schwarzen Brett des Tierarztes, beim Zoofachgeschäft usw. Gehen Sie auf Ausstellungen, nehmen sich Zeit für Gespräche mit Interessenten, verteilen kostenlos Fotos und Rassebeschreibung sowie Ihre Visitenkarte. Das A und O ist positive Werbung für den Züchter und seine Rasse, sie sollte dementsprechend präsentiert werden.

Annoncieren Sie in Hundefachzeitschriften. Erkundigen Sie sich noch vor dem Deckakt nach den redaktionellen Vorlaufzeiten, die oft Monate lang sind, damit die Anzeige erscheint, wenn die Welpen noch sehr klein sind. Meist kann man sie mit Fotos auffällig und attraktiv gestalten. Wenn Sie Glück haben, kommen ein paar echte Kaufinteressenten zusammen, die gerne die Welpen vor der Abgabe anschauen möchten. Ab der 5. Woche ist das

Ernsthafte Interessenten kommen nicht nur einmal für eine Stunde, sondern brauchen Zeit und Beratung, um den für sie richtigen Hund zu wählen. (Westerländer Kuhhund)

kein Problem, vorher muss nicht sein. Günstig ist es bei einer selteneren Rasse, wenn Sie Rasseinformationen vorweg abgeben können. Anzeigen in der Tierbörse der örtlichen Tageszeitungen erscheinen kurzfristig, fangen Sie im Alter von 3 bis 4 Wochen damit an. Denken Sie auch an die Mitteilungsblätter der Nachbarorte ebenso wie an große, überregionale Zeitungen. Haben Sie etwas Besonderes zu bieten, eine seltene Rasse oder viele Welpen, können Sie vielleicht sogar die Lokalpresse zu einem kleinen Bericht animieren, eine schöne kostenlose Werbung. Nicht zu vergessen, das Internet! Eine attraktive Homepage mit Fotos kann so manchen Interessenten auch von weiter her anlocken.

Beginnen Sie unbedingt rechtzeitig mit der Werbung! Die Welpen sollen mit 8 Wochen möglichst fest vergeben sein, auch wenn sie noch etwas länger bei Ihnen bleiben. Einmal nutzen Sie die Sozialisierungsphase, zum anderen sind die Welpen noch unwiderstehlich. Sie verlieren mit 4 Monaten rasch ihren Babycharme, und je nach Jahreszeit kann es eher noch schwieriger werden, Abnehmer zu finden. Schnell haben Sie Ihre Meute um zwei oder drei rasant wachsende Jungtiere erweitert, die Ihnen die Haare vom Kopf fressen und Sie rund um die Uhr mit Erziehungsmaßnahmen etc. beschäftigen.

Melden sich Interessenten, ist oft die erste Frage nach dem Preis. Laien können es nicht verstehen, wenn der gleiche Hund beim Händler deutlich weniger als beim Züchter kosten soll. Sie werden es verstehen, wenn sie Ihre liebevoll aufgezogenen Welpen mit denen aus dem Handel oder einer Massenzucht vergleichen können. Rechnen Sie trotzdem damit, dass Leute beim Preis tief Luft holen und vielleicht eine unfreundliche Bemerkung machen. Nehmen Sie es ihnen nicht übel. Sprechen Sie mit ihnen, laden Sie sie unverbindlich ein, sich die Welpen anzuschauen und sich eine eigene Meinung zu bilden, sofern sie Ihnen nicht gänzlich unsympathisch sind. Ihr Preis für die Welpen sollte sich nach dem im Zuchtverein üblichen richten. Sie sind Anfänger, Ihre Käufer müssen Ihre Erfahrungen mittragen. Schlagen Sie sich keine Türen zu, indem Sie Spitzenpreise wie der Topzüchter fordern. Allerdings sollten Sie die Welpen auch nicht zu Dumpingpreisen abgeben. Wer den angemessenen Preis für den sorgfältig aufgezogenen Welpen nicht zahlen kann oder möchte, kann sich möglicherweise einen Hund überhaupt nicht leisten, denn die Folgekosten sind nicht unerheblich, wie Sie wissen! Einen billig und unbedacht erworbenen Hund gibt man auch schneller wieder weg, wenn er lästig wird.

Laden Sie die Interessenten ein. Bitten Sie jedoch darum, nicht von einem Züchter zum anderen zu fahren, oder gar vom Hundehändler direkt zu Ihnen zu kommen. Krankheitserreger können an Kleidung und Schuhen haften. Die Leute sollten nicht die gleichen Schuhe und Kleidung tragen, wie beim vorherigen Besuch. Man sollte nicht überängstlich sein, aber es ist eine Vorsichtsmaßnahme, die jeder versteht. Durch die Öffnung der Ostgrenzen kommen immer wieder neue Erregerstämme herein, gegen die selbst unsere gut durchgeimpften Hunde nicht immun sind.

Alle Welpen sind süß und werden darum meist nur mit dem Herzen ausgesucht. Dem Züchter fällt die Rolle des vernünftigen, sachlichen Beraters zu. (Bearded Collie)

Schwatzen Sie keinen Welpen auf, die süßen Kerlchen sprechen für sich. Empfehlenswert ist eine Stichwortliste, welche Voraussetzungen Sie sich für das Leben des Welpen vorstellen, was ja sehr von der Rasse abhängig ist. Fragen Sie ab, ob der Vermieter schriftlich sein Einverständnis erteilt hat. Die meisten Welpen kommen zurück, weil sich der Vermieter querstellt. Wichtig ist, dass alle Familienmitglieder für die Anschaffung des Hundes sind. Gibt die Hausfrau widerwillig dem Drängen der Kinder nach, besteht die Gefahr, dass der Hund zur Belastung und letztlich doch abgeschoben wird. Es muss nicht sein, aber die Fälle sind hinreichend bekannt. Die Hausfrau hat nun mal am meisten mit dem Hund zu tun. Wie steht es mit Berufstätigkeit? Stundenweise kann ein Hund am Tag alleine bleiben, niemals aber einen ganzen. Wie löst man das Problem mit dem Welpen? Einen 8 Wochen alten Welpen kann man in den ersten beiden Monaten nicht über 4-5 Stunden alleine lassen! Ist für Ihre Rasse ausreichend Platz und Auslaufmöglichkeit gegeben oder soll die junge Dogge ein Appartement in der Stadt beziehen? Wie gehen die Leute mit den Welpen um? Mögen Ihre Hunde die Leute? Zupfen sie sich ständig Hundehaare von den Kleidern? Trauen sich nicht, die Hunde anzufassen? Ist Ihre Rasse wirklich für blutige Anfänger geeignet? Haben die älteren Herrschaften die Möglichkeit, den Hund bei Kindern unterzubringen, wenn sie einmal nicht mehr fit genug für seine Betreuung sind? Fragen über Fragen, und alle müssen zu Ihrer Zufriedenheit beantwortet werden. Ein guter Züchter will seine Welpen nicht um jeden Preis loswerden, sondern nur an die richtigen Leute. Und selbst dann gibt es noch Reinfälle, weil sich Menschen überschätzen oder nicht ehrlich sind.

Kommt es zum Kauf, händigen wir unseren Käufern schon vor Abgabe der Welpen eine „Tipp-Liste“ aus, damit sie sich vorbereiten und alles besorgen können:

- *welche Leinen und Halsbänder geeignet sind (zunächst für den Welpen)*
- *welches Futter zu besorgen ist*
- *welche Futterschüsseln geeignet sind (für große Rassen höhenverstellbare Futterschüsselständer)*
- *welches Spielzeug am besten ist (aus dem Hundefachgeschäft, das sich nicht zerbeißen lässt)*
- *welche Pflegemittel benötigt werden (Kamm, Bürste, Krallenschere, Zeckenzange usw.)*
- *Schlafgelegenheit (Korb, Decke, Transportkäfig usw.)*
- *Hundedecke, Sicherheitsgurt fürs Auto, etc.*
- *Hinweis auf die Hundehaftpflicht*
- *Hinweis auf Anmeldung der Hundesteuer*

Es gibt viele Bücher für den Welpen im neuen Heim auf dem Markt. Lesen Sie ein paar und empfehlen den angehenden Käufern das, was Ihnen am besten zugesagt hat. Dann können sich unerfahrene Käufer in Ruhe auf den neuen Hausgenossen einstellen. Wir geben unseren Welpenkäufern eine kleine Liste wichtiger Tipps für die ersten Erziehungsschritte mit.

Wenn möglich, lassen wir uns von den Welpenkäufern eine gebrauchte, nach den neuen Menschen riechende Decke geben, die wir zu den Hunden legen. Mit ihr geht der vertraute Geruch mit dem Welpen ins neue Heim, und er konnte sich schon mit dem Geruch seiner neuen Familie vertraut machen. Insbesondere, wenn dort noch kein Hund lebt.

Schließen Sie in jedem Fall einen Kaufvertrag nach dem Muster des VDH-Kaufvertrages mit jedem Welpenkäufer ab. Vermerken Sie besondere Vereinbarungen wie z.B. ob der Welpe einmal ein Ausstellungs- oder Zuchthund werden soll (darauf sollte man sich nicht einlassen, denn in der Entwicklung kann vieles passieren, und schafft er es nicht, haben Sie den Ärger!), oder ob Sie den Hund bei Eignung evtl. selbst zur Zucht heranziehen wollen usw. Halten Sie auch etwaige Mängel schriftlich fest, wie noch nicht im Hodensack befindliche Hoden, erkennbare Gebissdeformationen, zuchtausschließende Schönheitsfehler, die das Wohlbefinden des Hundes nicht zu beeinträchtigen brauchen (z.B. Fehlfarben). Ehrlich währt am längsten. Werden die Käufer erst später durch Dritte „aufgeklärt", ist die Enttäuschung groß, es gibt viel Ärger, und schlimmstenfalls muss der Hund darunter leiden!

In der Regel liegt die Ahnentafel beim Verkauf des Welpen noch nicht vor, und es dauert einige Zeit, bis sie von der Zuchtbuchstelle geliefert wird. Zeigen Sie den Käufern die Kopie des Wurfabnahmescheins mit der Unterschrift des Zuchtwartes und belegen Sie damit, dass alles in Ordnung ist. Vereinbaren Sie mit dem Zuchtwart, ob Sie den Welpenkäufern seine Telefonnummer als Referenz geben können, oder die der Zuchtbuchstelle, falls man misstrauisch ist.

Prüfen Sie die Eintragungen auf der Ahnentafel auf Richtigkeit und Vollständigkeit. Sie gehört zum Hund und auf ihr wird der neue Besitzer eingetragen. Sie dürfen keine Welpen ohne Ahnentafel verkaufen (auch wenn oft gefragt wird, ob man einen Hund ohne Papiere nicht billiger bekommt). Wir verbinden meistens

Ideal für den Transport ist so ein sicherer, stabiler Kennel, an den der Welpe schon beim Züchter gewöhnt wurde. (Briard)

KAUFVERTRAG

Zwischen dem Verkäufer (Name, Vorname, Straße und Nr., PLZ und Ort):

und dem Käufer (Name, Vorname, Straße und Nr., PLZ und Ort):

wird folgender Kaufvertrag geschlossen:
Gegenstand des Vertrages ist der Rüde*) die Hündin*)

(Name)

der Rasse Wurfdatum
im VDH/FCI-Zuchtbuch des Rassehunde-Zuchtvereins

(Name)

( ) **) eingetragen unter Nr.

( ) **) zur Eintragung angemeldet. Tätowier-Nr.

Der Kaufpreis beträgt DM (i. W. Deutsche Mark

)

Der Käufer erklärt, daß er mit dem Hund nicht*) züchten und diesen nicht*) ausstellen will.

Der Verkäufer leistet für die Richtigkeit der in der Ahnentafel bzw. in der Meldung zum Zuchtbuch enthaltenen Angaben Gewähr, gleiches gilt für die Angaben in weiteren übergebenen Urkunden. Er versichert, daß ihm irgendwelche offensichtliche oder verborgene Mängel oder Krankheiten des Hundes nicht bekannt sind. Er erklärt, daß der Hund gegen Staupe, Hepatitis, Leptospirose, Parovirose, Tollwut *) geimpft wurde, und händigt den Impfpaß dem Käufer aus.

Der Käufer bescheinigt, den Hund besichtigt zu haben. Er erklärt, daß er über die für die Aufzucht und Haltung eines Hundes notwendigen Kenntnisse, Fähigkeiten und Möglichkeiten verfügt und daß ihm bekannt ist, daß insbesondere ein junger Hund tiergerecht aufgezogen und gehalten werden muß und unter keinen Umständen überfordert werden darf. Von der Haftung für Beeinträchtigungen und Schäden, die durch falsche Haltung, Aufzucht oder Behandlung entstehen, stellt er den Verkäufer frei. Er sichert ferner zu, den Hund nach den Bestimmungen des Tierschutzgesetzes und den auf Grund dieses Gesetzes erlassenen Verordnungen zu halten.

( ) **) Die Ahnentafel ist dem Käufer übergeben worden.
( ) **) Der Verkäufer verspricht, die Ahnentafel nach Erhalt vom Zuchtbuchamt dem Käufer unverzüglich zuzusenden.

Zusätzlich werden folgende Abreden getroffen:

Verkäufer und Käufer erklären, daß darüber hinaus weitere Abreden nicht getroffen wurden. Ergänzungen und Änderungen dieses Vertrages bedürfen der Schriftform. Verkäufer und Käufer erhalten je eine Ausfertigung dieses Vertrages.

(Ort) (Datum)

DER VERKÄUFER DER KÄUFER

*) Nichtzutreffendes bitte streichen
**) Zutreffendes bitte ankreuzen

die Übergabe der Ahnentafel mit einem Besuch im neuen Zuhause unserer Welpen. Da können wir uns selbst überzeugen, ob es die Hunde gut haben und meistens so manchen nützlichen Tipp geben.

Vereinbaren Sie einen festen Termin für die Abholung, der unbedingt eingehalten werden muss, damit Sie den Welpen vorbereiten können. Er sollte nicht gerade gefressen haben, wenn er abgeholt wird, aber für eine längere Fahrt auch nicht ausgehungert sein, denn hungrig erträgt sich Stress noch schlechter. Der Welpe sollte vorzugsweise mit dem PKW abgeholt werden, und zwar mit zwei Personen - einem Fahrer, und jemandem, der sich um den Hund kümmern kann. Bei großer Hitze wird die Fahrt besser in die kühlen Morgen- oder Abendstunden verlegt, denn in Gluthitze ohne Klimaanlage im Stau zu stehen, ist nicht zu empfehlen. Für unterwegs muss eine Flasche Wasser und ein Trinknapf mitgeführt werden, der Welpe braucht ein passendes Halsband mit sicherer Leine, falls er unterwegs am Rastplatz ausgeführt werden muss. Wenn er unterwegs schläft, darf er schlafen. Niemand muss ihn für Pausen wecken. Eine Rast wird dann erst nötig, wenn er unruhig wird.

Und falls Sie Ihren Welpen nicht an einen bereits hundeerfahrenen Menschen übergeben, sollten Sie auch diese Tipps mit auf den Weg geben:

Stubenreinheit

Sobald der Welpe aufwacht, gefressen oder gespielt hat, bringen Sie ihn sofort zu dem Platz, wo er sich künftig lösen soll (nicht in den Garten, wenn Sie das später stört!). Manchmal muss man Geduld haben, bis er die richtige Stelle gefunden hat. Loben Sie ihn dann ausgiebig und freudig. Wenn doch ein Malheurchen passiert, nicht mit dem Hund schimpfen, denn „müssen müssen“ tun wir alle!, wegputzen, dabei vor sich her schimpfen. Das ist dem Hund unangenehm, und er wird es auch verknüpfen.

Durchfall

Es ist möglich, dass der Welpe durch den Stress des Ortswechsels Durchfall bekommt. Geben Sie ihm 3 bis 4 kleine Brennesselblättchen gehackt unter das Fressen. Zum Trinken anstatt Wasser verdünnten Fencheltee oder schwarzen Tee. Bei länger anhaltendem Durchfall zum Tierarzt gehen!

Spaziergänge und Bewegung

benötigt der junge Hund wenig. Er spielt und schläft. Spaziergänge sollten sich anfangs auf Minuten beschränken. Erst mit zunehmendem Alter dürfen langsam Strecke und Dauer ausdehnt werden. Häufiges, regelmäßiges Treppensteigen (begehen sollte er der Gewöhnung wegen lernen) und Springen vermeiden, den jungen Hund niemals überfordern, auch wenn manche Welpen unermüdlich zu sein scheinen! Fahrradfahren erst mit dem voll ausgewachsenen Hund bei kühlem Wetter.

Pflege

Je pflegeintensiver die Rasse, desto früher beginnt das Training, auch wenn es noch nichts zu kämmen und bürsten gibt. Für

Rassen, die getrimmt werden müssen und solche, die sorgfältige Fellpflege benötigen, ist es ganz wichtig, dass sie von klein auf daran gewöhnt werden auf dem Tisch zu stehen, wo man sie bequem am ganzen Körper untersuchen und bürsten kann.

Erziehung

Welpen lernen vom ersten Tag im neuen Heim an. Was der Hund später nicht tun soll, darf man auch dem süßen kleinen Welpen nicht erlauben. Die Erziehung muss immer sehr liebevoll, geduldig und dennoch konsequent sein. Je größer die Rasse, desto wichtiger ist es mit der Erziehung zu beginnen, solange man dem Hund noch körperlich überlegen ist.

Sobald der Welpe fertig geimpft ist, besuchen Sie Welpenspielgruppen, nehmen ihn mit unter Menschen, auf Märkte, in die Stadt usw. damit er sich an seine Umwelt gewöhnt.

Viele Züchter veranstalten regelmäßig Welpentreffen, zu denen sie den Nachwuchs ihrer Hunde mit ihren neuen Besitzern einladen. Das ist eine schöne Sache, denn man kann sehen, wie sich die einzelnen Tiere entwickeln und Kontakt halten, man wird mit Problemen konfrontiert, die mitunter ganz leicht zu lösen sind, und man kann als Züchter überprüfen, ob die Planung richtig war und die Erwartungen erfüllt wurden. Wertvolle Lehre für den nächsten Wurf, falls es noch einen geben sollte.

Warten Sie ab, wenn Sie sich erst einmal vom Stress der letzten Monate erholt haben und in Gedanken wieder die schönen Bilder der putzigen Welpen aufleuchten lassen, dann blättern Sie bald wieder in den Vereinsjournalen und halten nach dem Superrüden Ausschau!

Checkliste für die Werbung

Ausstellungsbesuche:
- *Infomaterial zur Rasse, Visitenkarten und Fotos*

Steht der Zeitplan des Wurfes fest:
- *Aushänge bei Tierärzten, Hundevereinen, Zoofachgeschäft*

Unmittelbar nach erfolgreichem Deckakt:
- *Annoncen in Hundefachzeitschriften*
- *Aushänge mit aktuellen Daten austauschen*

Nach der Geburt:
- *Aushänge mit aktuellen Daten, evtl. Foto austauschen*

Welpen im Alter von drei Wochen:
- *Beginn der Anzeigenwerbung in den regionalen Tageszeitungen*

Die Hundeausstellung

Wenn Sie sich über eine bestimmte Hunderasse informieren, Züchter kennen lernen, Kontakte knüpfen oder nur mal „reinschnuppern“ wollen, dann sehen Sie eine Hundeausstellung wahrscheinlich locker. Wenn der eigene Hund dort im Ring kritischen Richtern vorgeführt wird, sich im Vergleich mit den Hunden anderer Züchter stellen muss, und ein fachliches Urteil über seine äußeren Qualitäten gefällt wird, dann bedeutet das auch für einen erfahrenen Züchter immer wieder neues Lampenfieber.

Hundeausstellungen sind Zuchtschauen, Schönheitswettbewerbe, Wettstreit der Züchter, wer in seinen Bemühungen um den „besten“ Hund Erfolg hat. Und meist ist die Teilnahme an einer oder mehreren Zuchtschauen Voraussetzung zur Zuchtzulassung eines Hundes. Geld- oder wertvol-

Bei wichtigen Ausstellungen umlagert die Presse am Ende den Sieger.

le Sachpreise gibt es nicht zu gewinnen. Jeder Hund erhält eine Urkunde und oft eine kleine Erinnerungsgabe. Auf die Sieger warten attraktive Pokale und wichtige Titel. Deshalb sind viele Züchter von Frühjahr bis Winter fast jedes Wochenende mit ihren Hunden im Ring. Möglichkeiten dazu gibt es bei einer

- Spezialzuchtschau eines Rassehundeclubs. Da wird nur eine Rasse gezeigt, bzw. nur die von einem Verein betreuten Rassen. Bei solchen Spezialschauen sind oft mehr Hunde einer bestimmten Rasse zu sehen, als auf einer internationalen Schau. Die Atmosphäre ist familiärer und die Richter sind Spezialisten für die gezeigten Rassen. Die Titel, die zu gewinnen sind, reichen vom Clubsieger über das CAC (Certificat d'Aptitude au Championat = Anwartschaft auf das nationale Schönheitschampionat), bis zur Anwartschaft auf den Titel des VDH-Champions.
- Allgemeine Rassehundezuchtschau. Zugelassen sind alle Hunderassen. Es werden jedoch nur nationale Titelanwartschaften vergeben.
- Internationale Rassehundezuchtschau. Das ist eine meist mehrtägige Veranstaltung, für Hunde aller Rassen. Hier kann man das begehrte CACIB (Certificat d'Aptitude au Championat International de Beauté = die Anwartschaft auf das Internationale Schönheitschampionat) gewinnen.
- Bundessieger-, Europasieger- und Weltsiegerausstellung. Diese Ausstellungen laufen ab, wie eine große Internationale Hundeausstellung, finden einmal im Jahr statt (Weltsieger und Europachampion der FCI jeweils in einem anderen Land), und vergeben die Titel Bundessieger, Europasieger VDH, Weltsieger und Europachampion.

Egal, ob Sie als Besucher mit Hund, oder als Aussteller zu einer Hundeausstellung gehen, zugelassen werden nur tollwutgeimpfte Hunde (die Impfung darf nicht jünger als 30 Tage bzw. älter als 1 Jahr sein). Für Ausstellungshunde gilt weiterhin: Sie müssen bei VDH- bzw. FCI-geschützten Zuchtschauen eine FCI-anerkannte Ahnentafel besitzen. Bissige, krankheitsverdächtige, mit Ungeziefer behaftete sowie läufige und sichtlich trächtige Hündinnen dürfen nicht aufs Zuchtschaugelände. Am Einlass wird jeder Hund von einem Tierarzt überprüft.

Gerichtet werden die Hunde von speziell ausgebildeten und geprüften Richtern, deren Urteil unanfechtbar ist. Beurteilt werden die Hunde in verschiedenen Klassen, z.B.

- Jüngstenklasse (mind. 6 Monate alt und nicht älter als 9 Monate). Der Richter vergibt die Wertnoten vielversprechend (vv), versprechend (vsp) und wenig versprechend (wv).
- In allen anderen Klassen lauten die Wertnoten vorzüglich (v), sehr gut (sg), gut (g), genügend (ggd), nicht genügend (nggd). Außerdem wird der Richter in diesen Klassen die ersten vier Hunde plazieren.
- Jugendklasse (mind. 9, max. 18 Monate)
- Offene Klasse ab 15 Monate
- Championklasse für Hunde mit Siegertiteln

- Gebrauchshundeklasse für Hunde mit Arbeitsprüfungen
- ab 8 Jahren Veteranenklasse sowie
- Ehrenklasse.
  (Manche Rassen haben zusätzliche Klassen, z. B. Junghundklasse)

Was muss ein Hund können?

Der Richter hat für die Beurteilung jeden Hundes nur wenige Minuten Zeit. Deshalb muss ein Hund so vorteilhaft wie möglich präsentiert werden. Damit Sie wissen, was verlangt wird, besuchen Sie Ausstellungen als Zuschauer und achten darauf, wie Ihre Rasse vorgeführt wird. Sprechen Sie mit dem Züchter Ihres Hundes darüber, ehe Sie eine Schau besuchen. Zu üben ist das Gehen und Traben an lockerer Leine auf glatten Böden in einer Ausstellungshalle. Das trainiert sich am besten auf belebten Plätzen in der Stadt, in Kaufhäusern, Bahnhofsvorhallen usw. Je nach Rasse wird der Hund gestellt oder muss sich frei stehend präsentieren. Das Steh wird geübt wie ein Sitz oder Platz! Ebenso muss sich der Hund auch ohne zu murren vom Richter abtasten und sein Gebiss kontrollieren lassen. Dabei zieht man bei geschlossenem Fang die Lefzen hoch, so dass der Richter den Gebissschluss vorne sowie die Prämolaren an den Seiten sehen kann. Dann öffnet man den Fang weit, damit er auch die hinteren Molaren überprüfen kann. All das müssen Sie lange vor der Ausstellung üben. Bitten Sie Freunde und Bekannte um Mithilfe. Ein gut präsentierter Hund hat immer Vorteile gegenüber einem, der nicht laufen will, der sich dauernd setzt oder wehrt, wenn ihn der Richter anfassen will oder der einen heftigen Ringkampf erzwingt, weil Sie ihm ans Maul wollen!

Diese kleine Sheltiehündin weiß worauf es ankommt. Sie präsentiert sich vorbildlich auf dem 1. Platz.

Vorbereitung des Hundes

Der Hund soll sich gesundheitlich und von der Entwicklung seines Haarkleides her in bester Verfassung befinden. Ein langhaariger Hund im Haarwechsel gehört auf kei-

Früh übt sich, was einmal ein perfekt gepflegter Hund werden will. Dieser Bearded Collie Welpe lernt sich bürsten zu lassen.

ne Schau. Und bei zu trimmenden Rassen MUSS die Frisur stimmen. Es ist wichtig, sich rechtzeitig zu informieren, da oft der Hundefriseur um die Ecke nicht die speziellen Kenntnisse besitzt und manche Hunde nach dem Trimmen Zeit brauchen, bis sie im Fell richtig sind. Bei geschnittenen Frisuren arbeitet man bis zur letzten Minute, damit kein Härchen falsch liegt! Je nach Rasse und Fellbeschaffenheit muss man den Hund auch früher oder später baden, um den Hund in der richtigen Fellstruktur zu zeigen. (Fragen Sie Ihren Züchter oder erfahrenen Aussteller.) Selbstverständlich müssen die Zähne frei von Zahnstein und die Ohren sauber sein. Am ganzen Körper darf sich kein Schmutz befinden, wie etwa verklebter Kot, das Haar darf an keiner Stelle des Körpers verfilzt sein, es sei denn, es gehört zum Rassestandard. Aber auch solche Hunde wie Komondor, Puli, Bergamasker, können sauber sein!

Grundsätzlich dürfen keine Spuren von Manipulationen vorhanden sein, wie Farben, fühlbare Pflegesprays, Korrekturmaßnahmen an der Ohrenhaltung etc. Werden sie gefunden, führt das zur Disqualifikation!

Anmeldung zur Hundeausstellung

Ausstellungstermine erfahren Sie beim Rassezuchtverein bzw. beim VDH. Wenn Sie Ihren Hund ausstellen wollen, muss er rechtzeitig angemeldet werden. Die Termine für den Meldeschluss stehen schon lange vor der Zuchtschau fest (oft 6 bis 8 Wochen!) und sind aus den Meldepapieren (vom Veranstalter anfordern) ersichtlich. Gemeldet wird schriftlich auf dem Meldeformular, das man sauber und gut leserlich ausfüllt. Angeben muss man den

Namen des Hundes auf der Ahnentafel, Zuchtbuchnummer, Geburtsdatum, Name des Züchters, Name und Adresse des Eigentümers, evtl. Einzelheiten zum Hund, wie Haararten und Fellfarben. Mit der Meldung wird die Meldegebühr fällig, egal ob der Hund vorgeführt wird oder nicht. Bei den internationalen Schauen erhalten Sie eine Bestätigung Ihrer Meldung und damit die Berechtigung für den Einlass.

Planen Sie sehr viel Zeit für die Anreise und besorgen sich eine genaue Wegebeschreibung. Vor dem Richten, das meist um 9.30 oder 10 Uhr beginnt (Hundeeinlass meist zwischen 7 und 9 Uhr), muss genug Zeit sein, um den Hund in Ruhe ausführen zu können, damit er sich nach einer evtl. langen Fahrt löst und entspannt und um sein Fell in Ordnung zu bringen. Je nach Rasse und Wetter dauert das seine Zeit.

Checkliste - was Sie einpacken müssen:

1. Meldebestätigung
2. gültiger Impfausweis
3. Original oder Kopie der Ahnentafel (auf Verlangen vorzuzeigen)
4. dünne, rasseübliche Vorführleine
5. Halsband und Leine zur sicheren Haltung des Hundes während des Tages
6. Liegedecke (Vetbed o.ä. isoliert gegen Bodenkälte und Feuchtigkeit)
7. Wasserschüssel
8. etwas Trockenfutter für den Tag
9. Leckerchen zum Vorführen
10. Handtücher und Wassersprühflasche, falls sich der Hund schmutzig macht
11. Kamm und Bürste
12. Klappstühle
13. Picknickkorb für die Versorgung der Zweibeiner
14. Werbematerial
15. Einkaufsliste für spezielle Dinge, die nur auf Ausstellungen angeboten werden

Als Aussteller müssen Sie in der Regel den ganzen Tag bis zum Ende der Veranstaltung ausharren, damit die Zuschauer Ihren Hund bewundern können. Für Sie als angehender Züchter ist dies eine wichtige Werbemöglichkeit. Deshalb immer einen schön angelegten Ordner mit Fotos zur Hand haben, evtl. eine Tafel mit Bildern und Anschrift (sofern das erlaubt ist) und Visitenkarten zum Verteilen an Interessenten. Suchen Sie sich in dem Bereich, in dem Ihre Rasse gerichtet wird und vom Veranstalter evtl. Boxen bereitgestellt sind, einen strategisch günstigen Platz, wo viele Zuschauer vorbeikommen und zeigen deutlich Bereitschaft, Auskunft über die Hunde zu erteilen, denn viele Leute trauen sich oft nicht, die Aussteller im angeregten Gespräch miteinander zu stören. Jeder Hund, der dem Richter präsentiert wird, bekommt einen schriftlichen Richterbericht mit. Wenn Ihnen etwas unklar ist, besteht nach Beendigung des gesamten Richtens sicher die Möglichkeit den Richter zu fragen.

Es kann immer nur einen Sieger geben. Die Entscheidung kann bei der nächsten Ausstellung ganz anders ausfallen. (Irish Wolfhound)

In welcher Klasse Sie den Hund melden, hängt vom Alter ab. Ist Ihr Hund jung genug, starten Sie in der Jugendklasse. Sie und Ihr Hund können Erfahrungen sammeln, denn kleine Fehler beim Präsentieren der Hunde werden nachgesehen, und vielleicht gibt Ihnen der Richter sogar ein paar nützliche Tipps, wie Sie es beim nächsten Mal besser machen können, oder wie Sie die positive Entwicklung des Hundes fördern und Fehler vermeiden können. Bitte sprechen Sie nur mit dem Richter, wenn er Sie etwas fragt, in der Regel nach dem Alter des Hundes. Diskussionen im Ring sind nicht gerne gesehen und stören den weiteren Ablauf.

Das Richterurteil ist unanfechtbar! Nur gegen grobe Verstöße gegen die Richterordnung kann man bei der Ausstellungsleitung innerhalb einer Frist vorgehen. Die Meinung des Richters zu Ihrem Hund lässt sich dadurch jedoch nicht beeinflussen.

Egal wie das Richterurteil ausfallen wird, nehmen Sie es dankend an und gratulieren dem Sieger. Sind Sie enttäuscht, so haben Sie sicherlich eine Menge dazugelernt und können sich auf die nächste Schau noch besser vorbereiten. Jeder Richter setzt andere Schwerpunkte, deshalb sollte man sich nie entmutigen lassen. Sollte Ihr Hund jedoch gravierende Mängel haben, akzeptieren Sie es und lieben ihn als das, was er ist - Ihr bester Freund und Gefährte! Zeichnet sich jedoch eine vielversprechende Karriere ab, stehen Ihnen noch viele Wochenenden mit Hunderten von Kilometern bevor. Ist das Ausstellungsfieber einmal ausgebrochen, wird man es nur schwer wieder los!

Die Titel

Der Titel Internationaler Champion ist der schwierigste und deshalb begehrteste und am höchsten geschätzte aller Siegertitel. Um ihn zu erreichen benötigt man vier Anwartschaften (CACIB) in drei verschiedenen Ländern unter drei verschiedenen Richtern, wobei zwischen dem ersten und letzten ein Jahr liegen muss. Das CACIB wird nur an den besten Rüden und die beste Hündin aus der Offenen und Champion-Klasse, bei gewissen Rassen zusätzlich aus der Arbeitsklasse, vergeben.
Nationale Titel unterliegen den Bedingungen der jeweiligen Länder. In Deutschland gibt es den Deutschen Champion VDH und Deutschen Champion Klub (des Rassezuchtvereins). Die Bedingungen hierzu erfahren Sie beim VDH bzw. beim Rassezuchtverein und evtl. aus den Ausstellungskatalogen.

VDH-Bundes- und Europasieger, Weltsieger, Europachampion FCI usw. sind Titel, die auf einer einzigen Ausstellung an den besten Rüden und die beste Hündin vergeben werden; allerdings nicht aus der Jugendklasse, dort gibt es Jugendsiegertitel. In Deutschland berechtigen diese Titel zur Meldung in der Championklasse, während der nationale Champion und der Internationale Champion auch im Ausland für die Meldung in der Championklasse berechtigen.

In der Ehrenklasse dürfen nur Champions gemeldet werden, sie bekommen keine Anwartschaft, dürfen aber beim Wettbewerb um den Rassebesten (BOB= Best of Breed) mitmachen. Der BOB wird aus den Klassensiegern Rüden und Hündinnen ermittelt. Auf den großen internationalen Ausstellungen treten die Rassebesten dann im großen Ehrenring um den Sieg in der Gruppe, in die die Rasse eingeordnet ist, an. Aus den Gruppensiegern wird am Ende der BEST IN SHOW, der beste Hund der Ausstellung aller Rassen, ermittelt.

Ferner gibt es Gruppenwettbewerbe wie Zuchtgruppen oder Nachzuchtgruppen.

Empfehlenswerte Literatur

Wolfgang Becvar
„Naturheilkunde für Hunde“
Kosmos Verlag

Dieter Fleig
„Die Technik der Hundezucht“
Kynos Verlag

Evan J.M./ Kay White
„Die Hündin“
Kynos Verlag

Birgit Laser
„Obedience für Einsteiger“
Cadmos Verlag

Elke Peper
„Gutes Handling - der bessere Weg zum Ausstellungserfolg“
Kynos Verlag

Hans Räber
„Brevier neuzeitlicher Hundezucht“
Haupt Paul Verlag

Ilse Sieber/ Erich H.W. Aldington
„Hundezucht naturgemäß mit Liebe und Verstand“
(Hans Gollwitzer Verlag)

Eberhard Trumler
„Ein Hund wird geboren“
Gesellschaft für Haustierforschung

Malcom Willis
„Genetik der Hundezucht“
Kynos Verlag

Dem Welpenkäufer zu empfehlen:

Eva-Maria Krämer,
„Kosmos-Hundebuch“
Kosmos Verlag

John Ross/Barbara McKinney
„Welpenkindergarten“
Kosmos Verlag

Adressen

Verband für das Deutsche Hundewesen (VDH)
Westfalendamm 174
44041 Dortmund
Tel. 02 31/ 56 50 00 Fax: 02 31/ 59 24 40
e-mail: info@vdh.de

Österreichischer Kynologenverband (ÖKV)
Johann-Teufel-Gasse 8
A-1238 Wien
Tel. ++01/888 70 92
Fax: ++01/889 26 21

Schweizerische Kynologische Gesellschaft
Längasstr. 8
CH-3001 Bern
Tel. ++031/ 301 58 19
Fax:++031/ 302 02 15